た、魔法と呪術の世界の分析結果報告である。一生に一度は読んでおいたほうがよかろう。

二〇二〇年　八月二十一日

幸福《こうふく》の科学《かがく》グループ創始者兼総裁《そうししゃけんそうさい》　大川隆法《おおかわりゅうほう》

魔法と呪術の可能性とは何か　目次

第2章　ヤイドロンの霊言

二〇二〇年六月十二日　収録
幸福の科学　特別説法堂にて

第3章　役小角の霊言

二〇二〇年六月十二日　収録
幸福の科学 特別説法堂にて

3

霊力や念力の鍛《きた》え方について　140

6 呪いに対して組織で戦うには　203

「霊言現象《れいげんげんしょう》」とは、あの世の霊存在等の言葉を語り下ろす現象のことをいう。これは高度な悟《さと》りを開いた者に特有のものであり、「霊媒現象《れいばいげんしょう》」（トランス状態になって意識を失い、霊が一方的にしゃべる現象）とは異なる。外国人霊や宇宙人等の霊言の場合には、霊言現象を行う者の言語中枢《ちゅうすう》から、必要な言葉を選び出し、日本語で語ることも可能である。

なお、「霊言」は、あくまでも霊人《れいじん》の意見であり、幸福の科学グループとしての見解と矛盾《むじゅん》する内容を含《ふく》む場合がある点、付記しておきたい。

第1章　魔術師《まじゅつし》マーリンの霊言《れいげん》

二〇二〇年二月十七日　収録
幸福の科学 特別説法堂《せっぽうどう》にて

マーリン（生没年不詳《せいぼつねんふしょう》）

イギリスの魔術師《まじゅつし》。ブリテンの諸王ヴォーティガーン、アンブロシウス、ウーサー・ペンドラゴン、アーサーに仕《つか》えたとされる。特にアーサー王の若いころから側近《そばちか》くに仕え、よき預言者としてブリテンの統一に力を注いだ。

［質問者三名は、それぞれA・B・Cと表記］

1　大魔法使《だいまほうつか》いマーリンに「魔法」や「法力《ほうりき》」について訊《き》く

アーサー王の補佐役《ほさやく》として活躍《かつやく》した魔術師《まじゅつし》マーリン

大川隆法　今日は、イギリスの魔術師《まじゅつし》、魔法使《まほうつか》いである、マーリンの霊言《れいげん》をしようかと思っております。「向こうから来られた」ということもあります。

日本人にはそれほど知られていないかもしれませんが、日本で言えば、弘法大師《こうぼうだいし》空海《くうかい》ぐらいの感じでしょうか。そのくらいの方に当たるのではないかと思います。

五日後に、私は香川《かがわ》において、「法力《ほうりき》を身につけるには」という題で法力の話をします。仏教、特に密教《みっきょう》系の力を受けての話になるだろうと推定はしているのですが、「法力の話をするなら、多少、ほかのものも勉強したほうがよいかな」と考えておりました。

●「法力を身につけるには」　2020年2月22日、香川県・ハイスタッフホール（観《かん》音寺《おんじ》市民会館）にて講演会を開催。

マーリンの生没年《せいぼつねん》は不詳《ふしょう》なのですが、おそらくは日本の平安初期の密教僧《そう》・弘法大師空海、あるいは平安期に流行《はや》った陰陽師《おんみょうじ》等と、そう大きく時期は変わらないころです。日本でも、そうした魔法使い、魔術師に当たる人が活躍《かつやく》していましたけれども、イギリスでも同じだったということです。

マーリンについては諸説あるので、はっきりとは分からないのですが、イギリスでは、よくテレビドラマでやっているようで、何年か前にも、マーリンの物語をイギリスのテレビドラマで観《み》ました。何十話もある、すごく大きなドラマですが、たぶん人気があるのでしょう。

「四代もの王様に仕《つか》えた」という話もあるのですが、これは疑わしい話です。いちばん有名なアーサー王のときの参謀《さんぼう》にして魔法使いであり、王を敵から護《まも》ったり、悪い魔法使いから護ったりしたのが有名なのではないかと思います。

「アーサー王の父のウーサー・ペンドラゴンという方にもついていた」という説もあるのですけれども、人の寿命《じゅみょう》を考えれば、アーサー王のときの補佐役《ほさやく》として活《かつ》躍《やく》した魔法使いなのではないかと思います。

日本でも、例えば、弘法大師空海は日本密教の祖でもありますけれども、天皇家で言えば嵯峨《さが》天皇にお仕えして、国家の安泰《あんたい》のために、さまざまな魔障《ましょう》を調伏《ちょうぶく》する仕事をされていたのではないかと思います。

マーリンは、おそらく、八世紀から九世紀、七〇〇年代から八〇〇年に入るぐらいのころの方なのではないかと思います。

宗教家として見れば、そんなところです。

アーサー王のほうは、イギリスの歴史から見ますと、どういう人でしょうか。イギリスも「歴史が古い」とよく言われるのですが、だいたい千年余りぐらいがはっきり分かるところで、それ以前についてはよく分からないので、はっきりと書かれた歴史として見たら、日本の半分ぐらいしかないのではないかと思います。

「アーサー王と円卓《えんたく》の騎士《きし》たち」の物語もありますが、私のイメージとしては、どちらかといえば、日本で言うと神武《じんむ》天皇のような人に感じられます。中世以降、いろいろとドラマ的な感じで伝説が広がっていくのです。
そういう組み合わせかと思います。

マーリンはケルトの伝統的な宗教や文化を護《まも》っていた

大川隆法　細《こま》かなことは分かりませんが、当時は、とにかく、キリスト教がグレートブリテン、イギリスに入ってこようとしていた時期ではあるけれども、まだ完全には入り込《こ》めていなかったのではないかと思います。

マーリンは、どちらかといえば、それが入り込めないようにする、伝統的な宗教を護《まも》っていた魔術師ではないかと思います。キリスト教に完全に征服《せいふく》されないように護っていた、「最後の大魔術師」であると同時に、おそらく、「最後のケルトの魔術師」ではないかと思うのです。

その前は、「ケルト文化」といわれるものが長く続いていたと思います。歴史的には、はっきりしないケルト文化がその前に続いているので、その流れのなかにおける、最後のケルトの魔術師、魔法使いの方なのではないかと思うのです。

スコットランドやイングランドなどには、「ストーンサークル」や「ストーンヘンジ」という、石を輪のように並べたものがあります。ギリシャ風の柱ほどではないのですが、石の柱など、そういう謎《なぞ》のものもあるのです。

あれなどは、ケルト文化といわれていますが、キリスト教以前の文化が長くあったと思われます。そして、そのケルトの文化では、おそらく神は、オーディン神《しん》だろうと推定されます。

アーサー王のころは、今のイングランドやウェールズ、スコットランド、アイルランド等で、王様が覇《は》を競《きそ》っていたであろうと思われますし、ヨーロッパのほうから攻《せ》めてくる者とも戦っていたと思います。

それ以前には、おそらく北欧《ほくおう》のほうが強く、ノルウェーをはじめ、幾《いく》つかの国があって、そこからバイキングたちが攻めてきていたと思うので、文化的には北欧のほうが少し進んでいたのではないかと思います。そして、八世紀前後あたりからイギリスがだいぶ強くなってき始めるのですが、「ノルマン征服」といわれている、一〇六六年にヨーロッパから攻め込まれたあたりから、キリスト教文化圏《けん》に完全に入ったのではないかと思います。

当時の人たちがバイキングと戦っている映画などを観ると、バイキングのほうが主として言っていたとは思いますけれども、突撃《とつげき》するときに、「天皇陛下万歳《へいかばんざい》！」ではないですが、「オーディーン！」と言いながら突撃している映画もあることはあります。

ただ、ケルト文化自体は、「オーディン神の宗教の影響《えいきょう》をそうとう受けていたもの」と、「アイルランドやスコットランド等における、土着の民俗信仰《みんぞくしんこう》等が混じったもの」とが、共存してできていたものではないかと思います。

これから先は、もう「伝説」で、「歴史」ではありません。ただ、アーサー王やマーリンが実在した可能性は極《きわ》めて高いと思っております。

アーサー王の助言者、魔術師マーリンを招霊《しょうれい》する

大川隆法　そういうことで、今日は、香川での「法力《ほうりき》」についての話の予習も兼《か》ねて、「グレートブリテンの魔術師は、どんな法力を使っていたのか。それには修行《しゅぎょう》が要《い》ったのか」など、いろいろなことについて訊《き》いてもらえればいいかと思っております。

それでは、イギリスの著名な魔術師にして魔法使いであり、アーサー王の助言者でもあられた魔術師マーリンをお呼びいたしまして、話を聴《き》きたいと思います。

「英語でも日本語でも大丈夫《だいじょうぶ》」とのことでありますので、聴く人の便宜《べんぎ》を考えて日本語でいこうかと思っております。

（合掌《がっしょう》・瞑目《めいもく》して）魔術師マーリンよ、マーリンよ。魔術師マーリンよ。

どうぞ、幸福の科学に降りたまいて、その心の内を明かしたまえ。お願いします。

（約五秒間の沈黙《ちんもく》）

2　マーリンの時代の魔法使《まほうつか》いの役割とは

魔術師《まじゅつし》マーリンやアーサー王は実在した

マーリン　マーリンです。

質問者Ａ　本日は、幸福の科学にご降臨《こうりん》くださいまして、まことにありがとうございます。

マーリン　はい。

質問者Ａ　まず、お伺《うかが》いしたいのですが、イギリスの伝説の一つとして、「アーサー王伝説」がございます。その伝説に基《もと》づいて、マーリン様はいろいろな物語のなかで描《えが》かれてきました。現代においても、ドラマや映画で引き続き描かれており、世界的に有名でございます。

まず、「魔術師《まじゅつし》マーリン様は実在された」と認識してよろしいでしょうか。

マーリン　うん。いいと思います。

質問者Ａ　そうですか。

併《あわ》せて伺いたいのですけれども、「アーサー王伝説」のアーサー王も実在されたと……。

マーリン　はい。いいと思います。

質問者Ａ　そうですか。そうしますと、伝わっている物語は、おおよそ実際にあった話であると……。

マーリン　まあ、何度も脚色《きゃくしょく》されたり、劇になったりしていますので、変化はしておりますけれども、「ある程度は当たっているかな」と。物語を面白《おもしろ》くするために、いろんなものが出てきますから、全部が全部、一緒《いっしょ》とは言えませんけれども、「ある程度、輪郭《りんかく》的には似ているかな」と思います。

当時は魔法使いによる「法力戦《ほうりきせん》」が行われていた

質問者Ａ　マーリン様の当時の役割を伺いたいと思います。伝説等では、「著名な魔術師、魔法使いであると同時に、アーサー王の助言者や補佐役《ほさやく》、参謀《さんぼう》であった」と伝わっているのですが、このあたりはいかがでしょうか。

マーリン　うん。まあ、そうですよ。

王に……、当時は、何と言いますかねえ、うーん……。「軍師」という言い方は、ちょっと……。兵法的な軍師を武将は欲《ほ》しがるものですけど、「軍師」という職業よりも、どちらかといえば、「魔法使い」のような感じの、「スーパーパワーを持っている人」がついているほうが有利だったわけですよね。

だから、そばに、そういう「大魔法使い」がついていますと……。

だいたい、王様というのは、いつも暗殺の危機もあれば、他国から侵略《しんりゃく》される危機もありますので、そうした暗殺とか、他国からの侵略等を未然《みぜん》に防ぐということは、とても大事なことですよね。

その意味で、単なる軍略を使う軍師であるよりも、やっぱり、「超能力者《ちょうのうりょくしゃ》として未来を感じ取る」というか、「誰《だれ》が狙《ねら》っているか」というものを未然にキャッチして、それに対する備えをする。

相手方もですねえ、魔術師、魔法使いを使っていることが多いので、これは日本と一緒ですね。日本の密教《みっきょう》や陰陽師《おんみょうじ》等もそうだと思うんですけれども、やっぱり、向こうも使っていることが多いので、「法力戦《ほうりきせん》」になることは多くて。

「実際上の戦い」になる場合もあり、「軍勢を率《ひき》いての戦い」になることもあるけれども、それは本当は最終段階に近くて、それ以前には、ついている魔術師による「法力戦」がまずなされて、力に差があれば、未然に相手を見抜《みぬ》いて、捕《と》らえてしまうことができますので。

まあ、そういうことがありますわね。

「どういう魔術師を抱《かか》えているか」が、ずばり国力に影響《えいきょう》した

マーリン　それから、魔法の一つとしてですね……。まあ、あなたがたも、目で相手を見て、人物鑑定《かんてい》していると思うんですけれども、魔法・魔術を使うとですね、「人は違《ちが》うように見える」わけなんですよ。

だから、魔法がかかるとね、例えば、あなた（質問者Ａ）は、とても人相のいい

善良な人にも見えれば、とてもあくどい、悪いことを考えている人にも見え、どちらにでも見えるんですよ。

それは魔力の一つですよね。だから、人間も、その能力は持っているんですけどね。男性でも、魅力《みりょく》的な男性もいれば、女性でも、男性を誘惑《ゆうわく》したり惹《ひ》きつけたりする魅力を持っている方もいますから、ある程度、人間にもあるけれども、多少、段階の差があることですね。

特に、お姫《ひめ》様とかね、王女、あるいは王妃《おうひ》とかになるような人だったら、そういう〝怪《あや》しい魅力〟はみんな持っていたもので、それによって王になる人の愛を引きつけたり、あるいは、群衆からの敬愛の念を高めたりする力は持ってはおりましたわね。

そういう意味で、まあ、印象操作と言えば印象操作ではあるんですけれども、「その人がどういうふうに見えるか」ということは、「同じ人を、周りの全部の人が同じように見ているかどうか」は分かりませんのでね。

「ある方にそういう魔法をかければ、その人にはそういうふうに見える」ということは大きいですわね。だから、同じ人の判定をしても、違うように見える。まあ、現代でもそうだろうと思いますけれども。

いろんな人がいろんなふうに見えるから、現代では民主主義みたいなもので、みんなが投票して、多数を取った者が選ばれるようなかたちになっていますけれども、私たちの時代の「古代・中世の時代」になりますと、そうした「人数でいく」というよりは、やっぱり、「影響力《えいきょうりょく》のある特定の人にどう見えるか」ということが、とても大きいことでしたのでね。

そういう意味で、暗殺するための刺客《しかく》を事前に察知したり、内乱や他国からの攻撃《こうげき》を察知したり、あるいは、結婚《けっこん》などをめぐって、悪い魂胆《こんたん》で政略結婚をしようとしてやって来る者もありますから、そのへんの魂胆も見抜いたりもしなければいけないので、「どういう魔術師を抱《かか》えているか」ということは、「国力にずばり影響する」ということになったでしょうね。

「人の想念を見破る」「本心を読み解く」ことが大事だった

質問者A　現代におきましても、マーリン様は強力な魔法使いとして描かれているのですけれども、特に、ほかの魔術師と比べたときに、強力であった魔術ですとか、超能力というのは、何だったと思われますでしょうか。

マーリン　「天上界《てんじょうかい》と交流する力」「予知能力」「過去世《かこぜ》からの因果《いんが》の理法《りほう》等を見抜く力」、それから、「治癒《ちゆ》能力」。まあ、医者の役割もしていましたので。病気治し等もしましたから、治癒能力。うーん……、でも、やっぱり、何て言うかなあ、「人の想念を見破る」ということが大事ではありましたね。

特に大事なのは、「法力合戦」として、相手が化《ば》かしにくるものを持っているときに、それを見破る。王様のそばにいてね、よその王様とかが来たり、使者が来たり、いろいろと来るときの、その心を見抜いたりして、「本心を読み解く」ということは、非常に大事なことではありましたね。

反面、その王様の信頼《しんらい》を勝ち得ていないと、疑われますので。魔術師も、逆に、陰謀家《いんぼうか》になることもできれば、政権を転覆《てんぷく》させる力もありましたからね。その意味で、王の信頼を得るには、けっこう大変なところはありましたわね。

ほかの家臣たちがね、「そういう魔法使いの意見なんかを聞くよりも、自分たちのほうが軍事については専門家だ」とかですね、「外交に関しては専門家だ」とかですね、あるいは王妃とかが、「自分よりも魔法使いのほうを信じるのか」とか、いろいろ、そういう人間関係もありますので、そのへんの距離《きょり》感の保ち方は、とても難しかったですね。

だから、魔法使いがいちばん気をつけなくてはいけないのは、超能力があることはあるんだけれども、邪悪《じゃあく》な魔法使いと、そうでない魔法使いがありますので、そういう法力を持っている者同士、お互《たが》いに、「相手に邪悪さがあるかないか。あっても、程度はどの程度か」、あるいは「誠実な気持ちがあるかどうか」、このへんを見抜くことは、やっぱり大事かなとは思いますね。

「ブラッドライン」「家系」によって魔法に違《ちが》いがあった

質問者A　マーリン様は王様の補助者になられたわけですけれども、そうした役割は、魔術師の血統で代々受け継《つ》がれていくものなのでしょうか。あるいは、そういったことは関係なしに、実力主義で、超能力を身につけた方がそういう立場に立っていくのでしょうか。このあたりについては、どのような……。

マーリン　まあ、「実力主義」と言いたいところではあるんだけれども、私らの時代の感覚から言えば、やっぱり「血統」ですね。魔法使いも「血筋《ちすじ》」がありますので。血筋ですね、「ブラッドライン」があって伝わるんですね。

だいたい、日本でも、そうであることが多いのではないかとは思うけど、「一子《いっし》相伝《そうでん》」的な、「父から子に」というような感じで伝わっていくことのほうが多いですね。だから、幼少時から、ある程度、訓練を受けることも多いですしね。それから、それぞれの家系によって、魔法に多少違《ちが》いがあることもあるので、お互いに、ほかの人には教えないようにする。それで、秘密を守らなければ……。だいたい、全部知られてしまうといけないので。まあ、あなたがたの「宗教の布教《ふきょう》」とは、ちょっと違う感じがありますねえ。

だから、「血脈で魔術を伝えていく」というか、子供が複数いる場合には、いちばん才能が高いと思う者を後継者《こうけいしゃ》にして、教え込《こ》んでいくことが多いですよね。

魔法使いは「政治提言」「悪疫《あくえき》対策」「想念返《そうねんがえ》し」等を行《おこな》っていた

質問者A　マーリン様の魔法の「流派」と言ってよいのかどうか分かりませんが、その魔法は、表現するとしたら、どのような流派だったのでしょうか。

マーリン　うーん……。

質問者Ａ　「主宰神《しゅさいしん》」がいらっしゃったのでしょうか。

マーリン　（約五秒間の沈黙《ちんもく》）うーん……。でも、ある意味ではオールマイティーでしたからね。何でもやる。〝何でも屋〟ですね。ありとあらゆることをやったし。

今、大川隆法さんが現代でやっていることだって、ある意味では、私がやっていたことを……、まあ、ちょっと規模が大きくなっているかもしれないけど、やっていたようなことではないかなとは思いますけどね。

「政治」についての意見もだいぶ言っていると思うし、「外交」についても言っていると思いますけれども、いや、あれは魔法使いにとって大事なことでして。「孫《そん》子《し》の兵法」ではないが、「戦わずして勝つ」、あるいは「敗れないようにする」、そういう見抜き方はとても大事なことですね。

それから、現在も流行《はや》っていますけど、「悪疫《あくえき》」ね、悪い伝染病とかが流行っているときもありますから、こういうときに、これをどう食い止めるかというのも、力の一つではありますわね。

それから、王様みたいな……、王様とか王妃様とか、身分のあるような方々が病気になったようなときもですね、まあ、あなたがたは唯物論《ゆいぶつろん》的に病気を考えるのかもしれないけれども、たいていは恨《うら》みを買っていることが多くて、「呪詛《じゅそ》」されているいることが多いんでね。まず精神を病《や》んできて、体も病んでくる状態が多いですから。

まあ、〝仙人薬《せんにんやく》〟のようなものは、私たちの時代にもありましたけどね、薬もありますが。実際、その、呪詛して殺そうと思っている、念を送っている犯人を見破って、「想念返《そうねんがえ》し」ですね、「相手の呪詛している想念を返す。反対に返っていけ」という、これをやりますので。

そうすると、こちらの法力のほうが強かった場合は、例えば、「こちらの王様とかが、ウンウン言って高熱を出して苦しんでいる。もう、今にも死にそうだ」という、「あと一日」とか医者が言っているときに、逆に、その「想念返し」をやると、相手のほうが今度は高熱を発して、ウンウンと床《とこ》に伏《ふ》せるようなことになりますので。

そうすると、もし、家来《けらい》のなかで、邪心があってそういう暗殺を企《くわだ》てているような人がいたら、ある意味で、バレてしまうことはありますね。これをかけたら、「想念返し」をかけたら、その人が高熱を発して出仕できない、お城に出てこれなくなったりしますので。「やっぱり、あそこだったか」というようなことは分かりますわね。

質問者A　日本の陰陽師と非常に似ていると思うのですが、霊的《れいてき》には何かつながりがあるのでしょうか。

マーリン　うーん、まあ、もとは一緒ですよ。

質問者Ａ　もとは一緒ですか。

マーリン　ある意味でね。それは、国と人によって多少の〝色付け〟や〝感じ〟は違いますけど。もとは、基本的には一緒ですよね。

王や天皇にも、かつては呪力《じゅりょく》や念力《ねんりき》、道力《どうりき》等が求められた

マーリン　王様だって、ある意味で、まあ、魔法使いではないかもしらんが、ある程度の「呪力《じゅりょく》」というか、「念力《ねんりき》」はすごく持っていなければ、王様はできないですよ。

戦《いくさ》をして、何千人もの人とか、何万人もの人を殺したり、他国を滅《ほろ》ぼしたりしますのでね。そういう、戦争して殺された人たちの怨念《おんねん》みたいなのは、ものすごくお城を襲《おそ》ってきますから、当然ながら。

だから、王様も弱いと倒《たお》されてしまうので、ある意味で「強い念力」を持っていなければいけない。

その念力は、私たち専門家のような、いろんな細《こま》かい術を全部持っている必要はありませんけれども、主として、一種の、何でしょうねえ、まあ、「道力《どうりき》」とでもいうか、その肝《きも》から来る「強い跳《は》ね返す力」のようなものでしょうかね。悪鬼《あっき》、悪《あく》霊《りょう》等をね、これを振《ふ》り払《はら》うだけの「強い強い気位《きぐらい》」と、それから、実際に出る「意志の力」等ですね。こういうものがなければ、倒されてしまいますね、すぐにね。だから、そういう王様であってこそ、また、大魔法使いも使いこなせるわけですね。

今はどうかは知りませんが、日本の宮中《きゅうちゅう》とかも見れば、天皇家も祭祀《さいし》はいちおうやっていますから、本来は〝魔法使いの家系〟でなければいけないんだとは思うんですが。「国家の安寧《あんねい》を祈《いの》る」ということがいちばんのことだとは思うけど、あんまり効き目がなさそうですね。いつも何か災害が起きてから、あとでお見舞《みま》いしたりしておりますので、ちょっと〝普通人《ふつうじん》〟になっていらっしゃるようではありますから。

本来、事前に「抑止《よくし》」したり、あるいは「鎮魂《ちんこん》」をしたり、「調伏《ちょうぶく》」したりしなければいけないものだし、政権とかに「魔性《ましょう》のもの」が取り憑《つ》いてきたりしたときに、それをお祓《はら》いするのが、本当は天皇家の仕事でなければならないんだけれども、そういう仕事は、今はだいぶ忘れられて、儀式的《ぎしき》なものだけになっているようではありますね。

質問者Ａ　分かりました。ありがとうございます。

3　魔法《まほう》の修行法《しゅぎょうほう》について

多くの人に信仰《しんこう》されることで「法力《ほうりき》」は倍加する

質問者B　本日は、ありがとうございます。

先ほどのお話のなかで、「魔法使《まほうつか》いは血統によるところが大きい」とおっしゃっていました。また、「幼少時から修行《しゅぎょう》を積んで魔法使いになっていく」というお話を頂きました。

そこで、マーリン様が、具体的にどのように修行されて、グレートブリテンを代表される大魔法使い・大魔術師になられたのか、その修行法についてお教えいただければと思います。

マーリン　まあ、それを明かさないのが大事なんですよ（会場笑）。

質問者B　（笑）そうですね。

マーリン　ええ。公開したら駄目《だめ》になるんですよ。

ただ、「血統」を言うのはおかしいとは思うかもしれないけれども、魂《たましい》として宿るときにね、親を選べますからね。だから、魔法使いになるためには、魔法使いの家系に生まれるのがいちばん早いのでね。そしたら教えてもらえるけど、ほかのところに生まれると、ちょっと大変な……。

まあ、「初代」というのは、いつもあるけれどもね。そういうこともあるけれども、だいたい流派はいっぱいありますので。そのなかで、魔法使い間《かん》でも力の差はありますのでね。

特に、ケルト文化のなかでは、魔法界は意外に大きかったですよね、霊界《れいかい》としてもね。かなり大きな霊界で。

まあ、現代のような、知識的な意味での「教え」とかね、そういうものはそんなに多くはなかったので。むしろ、「魔法の起源」というのは、人間に、「神なるもの」というか、「神聖なるもの」というか、「この世離《ばな》れしたスーパーパワーの存在」を、やっぱり知らしめることが大事であったので。人間たちのほうが神の名を忘れてしまうようになれば、廃《すた》れてしまうところがあったので。

ある意味で、現代で言えば、ロックスターとか、そんなような人もそういうところはあると思うんですが。何万人もの人を集めて、興奮させたり、感激させたり、失神させたりしていますけれども。

多くの人に崇《あが》められることによって、神の名が高まると同時に、実は「法力《ほうりき》のもとになるエネルギー」が集まってくるわけですね。大勢の人に信仰《しんこう》されていることで力が増してくる。

だから、「マーリン」という名が多くの人に知られ、畏《おそ》れられ、尊敬され、信仰されるようになってくると、私の「法力」の力は倍加するとともに、相手の力を打ち破る力も出てくるということですね。

「魔法」や「法力」を磨《みが》く修行法について

マーリン　まあ、修行の仕方は、それは簡単に言ってはいけないことではありますが。

まあ、一つは、「身体的な鍛錬《たんれん》」もあることはありますね。体を鍛《きた》えていくなかで意志力を強くしていくというのも一つだし、やっぱり、「耐《た》える力」というのがとても強いので。

例えば、食物がなく、水がなく、あるいは、凍《こご》えるような夜や、とても暑い日とか、こういうようなときにでも弱音を吐《は》かないような、そういう「精神力の強さ」ですかね。こういうものは鍛えなければならないし。

あとは、グレートブリテンにも、洞窟《どうくつ》とかもたくさんございますけれども、やっぱり、「そういう静寂《せいじゃく》なる、聖なるところで瞑想《めいそう》をすることで、人に聞こえないものが聞こえるようになってくる」ということは大きいですね。

精神が肉体から遊離《ゆうり》してきますので、肉体から精神が遊離してきたときに、「世界のいろんなものの心の声」が聞こえてくるし、「天上界《てんじょうかい》の存在の声」が聞こえてくるし、「動物たちの心の声」まで聞こえてくる。鳥の会話が聞こえてきたり、鹿《しか》の会話が聞こえてきたりまでするようになりますね。

こういうようなかたちで、あくまでも、精神と肉体をともに鍛えつつ、私なんかの考えとしては、できるだけ邪悪《じゃあく》な心を持たないように、この力、〝大いなる力〟が邪悪な力を呼び込《こ》まないようにするだけの「潔癖《けっぺき》さ」といいますか、つけ込まれない、そういう隙《すき》をつくらないような「自分の欲望の削《そ》ぎ落とし」のようなものは要《い》ったかと思いますね。

まあ、すべてが、修行は修行ですね。

「素質」×《かける》「修行」×「民衆の支持」が「魔力の総量」を決める

マーリン　あとは、勉強としては、いろんな秘薬が……。まあ、野生の植物のなかにも〝霊薬《れいやく》〟に相当するようなものもあるので、そういうものの調合の仕方とか、あるいは「毒を消すもの」とか、「毒になるもの」とか、こういうものの見分け方とかですね。そういうものも大事になってきます。

また、「人の寿命《じゅみょう》」なんかも、ある程度見えるようになってもきますよね。

それから、もう一つ大事なのは、王家なんかは、もう特にそうですけれども、歴代の王様は、必ずしも……。まあ、本来は「神様の代理人」でなければいけないことになっていますが、悪政を強《し》いる人も多いし、侵略《しんりゃく》を繰《く》り返す人も、あるいは、言うことをきかない民衆をたくさん殺したりする人もいますので、実際、「成仏《じょうぶつ》していない王様」とかもいますのでね。

先祖でそういう人がいると、現在の王様にまで影響《えいきょう》が出てくることがありますので、こうした悪王の呪詛《じゅそ》・呪縛《じゅばく》から解放する仕事もありますわね。だから、波長《はちょう》が同通しないように、そのへんをよく導く「言葉」を持っていなければいけない。

そういうふうな、いろんな霊的な修行を積むということが、勉強と言えば勉強ですね。

あとは、「素質」の問題は、どうしてもあるので。それぞれが、魔術師・魔法使いとして生きるにつけても、やっぱり素質の問題はあります。

だから、「素質」×《かける》「修行」×「民衆の支持」みたいなものですかねえ。そういうものが「魔力の総量」を決めてくるようなところはありますねえ。

質問者B　ありがとうございます。

4　イギリス魔法界《まほうかい》の秘密

この世と連動して、魔法界もできてくる

質問者B　次に、「イギリスの魔法界《まほうかい》」についてご質問させていただきます。

マーリン様の伝説以外にも、イギリスを発祥《はっしょう》として、例えば、「ハリー・ポッター」や「ロード・オブ・ザ・リング」など、イギリスには、「魔法」が大きなテーマになった物語がございまして、イギリスのみならず、全世界に多くの愛読者がいます。また、それらの作品は映画化され、多くの方がご覧になっていて、かなり大きな影響《えいきょう》を与《あた》えているかと思います。

そこでお伺《うかが》いしたいのは、「イギリスの霊界《れいかい》、特に魔法界がどのような世界なのか」ということです。本来、秘密の世界かとは思うのですけれども、明かしていた

だける範囲《はんい》でお教えいただければ幸いです。

マーリン　まあ、この世が、ある程度繁栄《はんえい》してきて、いろんな仕事ができるような時代になってくると、やっぱり、そうした神秘的な力を持っている人も集まってきやすいところはありますよね。

だから、イギリスがちょうど力を持ってくるときにも集まってきやすいし、中国なんかでも、例えば、唐《とう》の国みたいなときにもそんな人は多くなっているし、日本だって、そういう神秘的な力を持った僧侶《そうりょ》とか、あるいは陰陽師《おんみょうじ》とかが出るときもあるし。

まあ、そういう、時代の〝裏側〟かもしれないけれども、それを支える力は出てきて、本当はみんな、古代の文明に必要なときに出ていたような人たちが、人生修《しゅ》行《ぎょう》にこの世に出てくるということでもあるんですけどね。

一人だけで、すべてはできませんからね。ある程度続いたものがなければ、文化や伝統はできてこないし。この世でそうした仕事をした人が、いっぱい天上界《てんじょうかい》に還《かえ》ることによって、その国の上にね、一つの「神の国」というか、「魔法の国」かもしれないし、ちょっと何と称《しょう》すべきかは分かりませんが、「神秘的な力を秘《ひ》めた人たちがいる国」ができてくるわけですよね。

大英帝国《ていこく》の興隆《こうりゅう》には「魔法の力」がそうとう働いている

マーリン　イギリスは、キリスト教に入られて、また、やがて、英国教会は独立していってはいますけれども、やっぱり、イギリス土着の信仰《しんこう》自体はありましたんでね。いまだに完全にそれがなくなっているわけではないので、キリスト教と融合《ゆうごう》するにしても、ちょっと別のものができてくる、そういう流れはあったかと思うんですよ。

　そうした、今の「ハリー・ポッター」みたいなものが出ても、今でも世界中にものすごい数で広がるのを見れば、これは特別な力が働いていることは分かりますよね。

だから、まだイギリスのなかに、その「魔法の力」は眠《ねむ》っていることを、これは意味しているし、大英帝国《ていこく》ができていく流れのなかには、この魔法の力はそうとう働いていると思うんですよね。

今回は、キリスト教とも一体化してのものではあったけれども、今も「キリスト教国」ということにはなっているけれども、裏側には、やっぱり、イギリスのもっと前、古くからの宗教の神々に当たる存在をも吸収している部分はあるのではないかと思いますね。だから、いまだに、「魔法の国」としてのイギリス自体はなくならないのでね。

まあ、日本も、そういうところはありますから。「日本はこんな小さな島国で、地球の面積では〇・二五パーセントしかないと言われるような国なのに、なんで世界の大国になるのか」というのは不思議だとは思うんですけれども、やっぱり、私のような人が、数多く日本にも出ているということもありますわね。

だから、ある意味で、国が興隆《こうりゅう》したり、没落《ぼつらく》したり衰退《すいたい》したりするのは、「国対国」の、そうした「神秘の法力戦《ほうりき》」みたいなものがあるのではないかなとは思いますね。

イギリスは非常に大きな「霊的《れいてき》なセンター」の一つ

マーリン　だから、近代等も、スペインやポルトガルがすごく強かったり、オランダが強かったりしたこともありますけれども、ただ、「宗教的な源泉」ということを考えると、やはり、「イギリスほど深いものは持っていなかったのではないか」というふうに思いますね。

それから、先ほどの話にもありましたが、北欧《ほくおう》のほうにあった、そうした「神秘力」も、このグレートブリテンにだいぶ流れ込《こ》んできていますので、そのへんもまとめて持っているわけで。

今、ＥＵからの独立ということで、「ブレグジット」っていうのが、イギリスの独立を言っていますけど、意味がないわけではないんですよ。

やっぱり、古代から中世にかけての非常に大きな「霊的《れいてき》なセンター」の一つが、このイギリスですのでね。ここが、霊的なセンターの一つなんですよ。

ヨーロッパは、ドイツやフランスあたりを中心に、また大きな霊的センターを持っていますけども、ここととは、長年、「法力戦」をやってきている仲ではあるので、なかなか……。「一緒《いっしょ》のかたちでやっていくことが、必ずしもいいかどうか」ということになると、ちょっと難しいところはあるかなと。

「イギリスの力を解き放ちたい」と思っている人たちが独立を求めているところはあると思うし、「偉大《いだい》なイギリスが、そうしたら、もう一度帰ってくる」というふうに思っているわけですね。

まあ、「ヨーロッパの二十何カ国が固まって運営する」とかいっても、それぞれ全然違《ちが》うものがなかに入っているし、われわれから見れば、「悪魔の勢力」と思われしものも、そうとうなかには入っていますので、一緒にはいかないし。

ブリュッセルあたりでヨーロッパの統一王国みたいなのをつくられても、やっぱり、「そういうわけにはいかない」というところはあります。政治としては、それは決められるものはあろうけども、政治ではないものもあるので。それぞれの国の持っている文化の源流には、「宗教的なもの」が必ずありますのでね。そういうところで、「ご先祖が納得《なっとく》いかない」という部分は、やっぱりあると思いますね。

「英・独・仏」が一つになれない霊的な理由とは

質問者B　今のお話のなかで、「イギリスが、ヨーロッパを代表する一つの霊的なセンター、中心だ」ということを教えていただきました。一方で、「大陸のほうでは、ドイツ、フランスが中心」ということでしたけれども、ドイツのほうには、ゲルマン系の黒魔術が存在すると思います。

そうした黒魔術とイギリスの魔法との違い、あるいは、その霊流《れいりゅう》の違いなどについてお教えいただけますでしょうか。

マーリン　いやあ、裏を明かせばけっこう厳しいが、仲が悪いんだよ、本当はね、ええ。ドイツとフランスだって仲が悪いしねえ。フランスとイギリスだって、もう長い間、戦ってきているしねえ。

いやあ、本当は厳しい関係なんですよ。「どちらがどちらを征服《せいふく》するか」という戦いはねえ、長く長く続いているので。だから、「ヨーロッパの中心はどこか」という戦いですよね。

それぞれのところに、国の民族神は……、民族神というか、それに類する者がいるんだけれども、みんな自分のところを中心に持ってこようとするんでね。

イタリアはイタリアで、まあ、バチカンもあるから、今、キリスト教の力は持っているけれども。ギリシャなんかは、昔の神々がいた地ではあるけど、今はとても弱っていますけれどもね。

まあ、「英・独・仏」っていうのはねえ、いや、一つにはなかなかなれないものですよ。いやあ、滅《ほろ》ぼし合っている仲なので。

ドイツのほうの「ゲルマンの森の魔法使い」というのは、これまた、「グレートブリテンの魔法使い」にとっては、大変な強敵でしてね。向こうは、長らくすごい強敵であったので。海を越《こ》えていって戦い合う関係にありましたが。

ドイツやフランスも仲違《なかたが》いをしつつも、これまた、トルコとかペルシャのほうから攻《せ》め込んでくる、「もう一つの宗教パワー、および政治パワー」とも、ヨーロッパを護《まも》るための戦いを長くやってきておりますからね。

まあ、キリスト教になってからは、「十字軍の戦い」等で力を合わせたところもありますけど、なかなか難しいですよ、本当にね。

ルーマニアみたいなところを通って行くっていったらねえ、どっちが敵だか分からないような状態ですよ、本当にね。いやあ、イスラエルに行くどころじゃないですよね。ルーマニアあたりなんかでも、大量に〝悪魔を製造〟したところですから大変ですよ。魔法使いも震《ふる》え上がるようなところですからね。

まあ、いろんな歴史がヨーロッパにはあるんでねえ。はああ……（息を吐《は》く）。

まあ、「一緒じゃない」ということですよ。やっぱり、どうしたって一緒にならないから、一緒じゃないので。

それに、巨大《きょだい》な魔法使い、ないし、神や仏を名乗る者も出てきますけれども、「治められる範囲」というのが、やっぱりあることはあるんでね。長らく、「行動半径」というのがありましたからね。行動半径として動ける範囲が、うーん、まあ、せいぜい数百キロぐらいしかなかったんでね。だから、今の時代だったら、ちょっと違うかもしれませんけれどね。

「霊的なセンター」は、ほかにも、ヒマラヤを中心にしても、インドとかチベットのほうにもあるし、中国にも霊的センターはあるし、日本にもあったし。南方のほうは、少し近現代のスタイルではいますけどね、まあ、中南米等にもあったし。

場合によっては、「神々への尊崇《そんすう》の念」というか、「尊敬」がなくなったときには、本当に、国を失うのと同時に、「宗教自体が消滅《しょうめつ》する危険」があるわけですよ。

ＥＵみたいなものも、まあ、経済的にとかね、交流がしやすいという面はいいかもしれないし、政治的に戦争が起きにくいような、「共同体的に生きていこう」という考え方もあろうとは思うんですけれども、霊界がね、なかなかね、「ＥＵ霊界」なんていうものが、そんなに簡単にできないんですよ。やっぱり違うので。それぞれに違うものを持っているので。

マーリンから観《み》た、ヨーロッパ各国、アメリカ、中東のそれぞれの特徴《とくちょう》

質問者Ａ　今、お話のなかで、「民族神」というお言葉もあったのですが、英国とフランスとドイツと、それぞれの民族神といいますか、中心神はどなたなのかというのは、お分かりになりますでしょうか。

マーリン　まあ、知りませんねえ、私はよく知らないので。私たちから見れば「悪

魔」に見えるものも、向こうにとっては「神様」に見えるものもあるから、よくは分かりませんけどね。

ただ、国としての特徴《とくちょう》が残っている以上、その特徴をつくっている者が存在していることは事実でしょうね。

まあ、ドイツだって、またいずれ復活してくるでしょうけどね。ドイツも強いけれども、極《きわ》めて正確で、折り目正しくて、まあ、そんなような感じの傾向《けいこう》がありますよねえ。

フランスになると、うーん……、少し緩《ゆる》いけれども、自由に文化を花咲《はなさ》かせるような気風がありますわねえ。

イギリスなんかは、文化や伝統を鼻にかける傾向はあるとは思いますね。

ラテン系になると、だんだん下（南）に下っていくにつれて、血の気《け》は多くなるけど、まあ、私たちから見れば、ちょっと頭も悪くなるようには見えることは見える、そういうような傾向はありますわねえ。

まあ、大きなユーラシア大陸全体について、意見を述べるような立場にはありませんけどね。

今は、魔法使いも含《ふく》めて、アメリカなんかの国力が非常に高いことは高いですね。だから、アメリカと中東……、まあ、イランなんかとの対立も続いていますけれども、政治的対立以外にも、背景では、「魔法使いの対立」も、やっぱりあることはあるわけで。

アメリカにはですね、かつてヨーロッパで活躍《かつやく》したような人たちも、いっぱい、今、生まれ変わってきていますので、まあ、繁栄がね、あちらのほうに移っていこうとしているところはあるので。

そのなかに、キリスト教文化の一派として見えてはいるけれども、「大魔法使い」は隠《かく》れてはいるものなんでね。

まあ、中東の長い歴史のなかで育《はぐく》まれた世界がありますので、あちらも魔法は強いですから、「魔法界での戦い」は、おそらくあるだろうなあとは思っています。

現代の魔法使いは「芸能」「政治」「経営」「宗教」「科学」等の分野にいる

マーリン　あっ、何が訊《き》きたかったんだったかね。

質問者C　では、先ほどのお話に関して、「魔法使いの対立が、今、起きている」ということでしたが、具体的にどういう人として生まれていますか。

マーリン　うん?

質問者C　魔法使いは、現代に、どういう人として生まれていますか。例えば、経営者だったり、女優のキーラ・ナイトレイさんなども、魔法使い的なものをお持ちであると……。

●女優のキーラ・ナイトレイさん……　『守護霊インタビュー ナタリー・ポートマン&キーラ・ナイトレイ』(幸福の科学出版刊)参照。

マーリン　ああ、そういうことか。

うん、まあ、それはそうでしょう。世界的に有名になるには、魔法使いの素質がなければ、ちょっと無理ですね。「歌声が響《ひび》く」とか、「そうした役どころを得た演技が人気を博《はく》す」とかいうのは、みんな多少の魔法は持っているから、そういう芸能系に出る場合もあります。

政治家系に出る場合もあります。経営者系で出る場合もありますし、宗教家で出る場合もあるので。

あるいは、科学者も出る場合もありますね。現代ではね、科学者も出ます。原爆《げんばく》や水爆もできましたけど、つくった人たちも、ある意味では、魔法使いと言えばそうだろうというふうに思いますよ。

それから、うーん……、そうですね。まあ、政治家なんかだったら、ある意味で信仰を集めているような政治家なんかは、そういう面はあるよね。リンカンだとか、まあ、ケネディなんかも、そういうところはあるかもしれませんけどね。

あとは、イギリスだったら、現代であれば、ウィンストン・チャーチルなんかが、わりあい信仰を集めている政治家ではありましょうねえ。魔法使いとしての面も持ってはいるんだと思いますがね。

ドイツのヒットラーも、まあ、「悪魔」と単純に定義されているかもしれないけど、単なる悪魔ではないですよね。やっぱり、「魔法使い」の面も持っていますよね。一気に、ああいうふうに政権を奪取《だっしゅ》して国力を高め、他国を侵略《しんりゃく》していくっていうのは、あれは、一般《いっぱん》には「黒魔術」といわれているものですけれども、先ほど言った、実は「邪悪《じゃあく》なる面を強力に押《お》し出してくる魔術」なんでねえ。

だから、あの黒魔術師と戦ったウィンストン・チャーチルだって、魔術師であるのは、ほぼ間違いないというふうに思います。

あと、アメリカの政治家や軍人のなかにも、巨大な魔法使いは、おそらくはいたというふうに思いますね。

5　魔術師《まじゅつし》マーリンの魂《たましい》の秘密

幸福の科学を陰《かげ》で長らくサポートしてきた指導霊《しどうれい》の一人

質問者Ｃ　魔法《まほう》についての説明をお伺《うかが》いしていて、「心の力」や「悟《さと》り」などと関係性が深いのかなと思いました。そこで改めて、「悟りや法力《ほうりき》」と「魔法」の違《ちが》いについてお教えいただければと思います。

マーリン　悟り、法力、魔法。うーん……、まあ、説明の仕方にもよりますけどね。その「悟り」というのがどういう悟りかによって、傾向性《けいこう》が違うからねえ。「教えを中心にした悟り」もあれば、「霊能力《れいのうりょく》・超能力《ちょうのうりょく》開発系を中心とした悟り」もあるし、あるいは、「この世離《ばな》れした、異次元的なるものを知らしめる系統の悟り」もあるんでね。

まあ、ちょっと、それぞれ傾向に違いはありますよね。

私も、幸福の科学はだいぶ、実は陰《かげ》で長らく指導している者の一人なので。大川隆法さんが、ずいぶんリーディングを多用されていますので、そちらのほうでサポートをしている者ではあるんですけどね、ええ。

質問者A　お名前を明かしていただくことはできますでしょうか。

マーリン　いやあ、直前世《ちょくぜんせ》では日本の敵方《てきがた》に当たるので、たいへん申し訳ないとは思いますけれども、「エドガー・ケイシー」という名前で、数多くのリーディングを残した者で。

キリスト教で説かれていない「転生輪廻《てんしょうりんね》の思想」を……。まあ、ケイシー・リーディングによって一万数千件のリーディングをやって、「アトランティスや他の国からの生まれ変わり、および、地球を卒業して他の惑星《わくせい》に旅立つ者のリーディング」、あるいは「病気リーディング」「カルマ・リーディング」「未来リーディング」を数多くやりましたので。

まあ、生前の力はそれほど大きなものではなかったとは思うけれども、キリスト教国においては新しい宗教を立てるのがとても難しいんですよ。魔女狩《が》りの伝統があってね、キリスト教以外の宗教をキリスト教国で立てられないので。それとは違う感じで、「リーディング」という、まあ、霊査《れいさ》ですね、「霊的に、それを読んでいく」というスタイルのものを数多くやりました。

病気治し用の「病気リーディング」「カルマ・リーディング」もそうとうやりましたけど、まあ、いちおう、「病気治し」というのは宗教には普遍《ふへん》的な傾向であるので。それは、一つは、宗教として迫害《はくがい》を受けすぎないために必要なものとして、この世に役に立たなければいけないんでね、まあ、それはやりました。

それから、「予知」もだいぶやりましたし、「過去世《かこぜ》リーディング」としては、アトランティス、ムーの時代からのリーディングもやりましたので、「神智学《しんちがく》」から、今、幸福の科学に渡《わた》っていく途中《とちゅう》の橋渡しはしていると思います。

「神智学」のほうは、もともと、インド、ヒマラヤ系のヨガ研究あたりから始まっているんですけどね。ブラヴァツキー夫人とオルコット大佐《たいさ》が始めて、かなり、「嘘《うそ》」「インチキ」「詐欺《さぎ》」ということで叩《たた》かれもしたものですけれども、そのなかには、過去の文明について明かした非常に大事なものも入っておりましたけどね。

私は、戦争中なんかもかなりやっていたので。この世では、エドガー・ケイシーというのは単なる写真屋で、日曜教師で『聖書《せいしょ》』を教えたり、子供たちにね。そういうことをしていて、表面意識的にはクリスチャンで、転生輪廻なんか認めていないのに、「眠《ねむ》れる予言者」になって、トランス状態に入って表面意識のほうが眠ると、潜在意識《せんざいいしき》のほうが浮《う》いてきてしゃべる。あるいは、いろんな人の魂《たましい》をなかに入れて語らせるというかたちで、「実際、転生輪廻がある」ということを、ものすごい数、語りました。

まあ、一部、違っているものもありましたけれども、アメリカにとっては、非常に新鮮《しんせん》なものだったというふうに思っています。

幸福の科学のリーディングの特徴《とくちょう》とは

マーリン　そういうものがあって、現代の日本にも、いろいろとつながっているものがあるのではないかというふうに思っています。

教団みたいなものはつくらなかったんですけどね。そういう神秘現象家として、秘書を何人かぐらい使っててね、そちらのほうではあまり金儲《かねもう》けしないで、写真屋として生業《なりわい》を立ててるということ。

大川隆法さんとは違って、私の場合は、表面意識は写真屋の日曜講師であったけれども、リーディングに入るときには本人の表面意識が眠っている状況《じょうきょう》であるので、何をしゃべっているかは自分自身は知らないで、起き上がったあとに速記録等を起こしてもらって、「ああ、こんなことをしゃべっていたのか」というような感じ。

そうでないと、表面意識を眠らせていないと、例えば、転生輪廻についてしゃべっても表面意識は否定するからね。だから、実際、しゃべれなくなりますので、トランス状態でやるようになっていました。

そういうリーディングでしたけど、大川隆法さんのリーディングは、もう、そういう、「表面意識が眠って、本人が覚えていない、記憶《きおく》していないことをしゃべる」という状態ではありませんね。

だから、これは「二十四時間トランス状態」で、本人は、本当は生きているんだか死んでいるんだか分からない状況ですね。生きてはいるんだけど、〝あの世の人〟なんですよ、たぶん。生きているけど〝あの世の人〟なので。天上界《てんじょうかい》と、そのまま同通している方《かた》ですね。

はっきり言えば、肉体を持って生きている部分のほうが、余分と言えば余分な方《かた》なのかなというふうには思ってはおりますけどね。

ちょっと、私とは違う形態になっています。

それから、ご本人自身が学問もそうとうやられているので、学問的なもので語っているると思う方もいるとは思うけれども、必ずしもそういうわけではなくて。やっぱり、ある程度、入り口としての知識を持っていないと、幅広《はばひろ》い、この世界……、「全世界リーディング」をやっていますから、現実には。できないですよね？

だって、例えば、イギリスのマーリンという魔術師がいたということを知らなければ、話をしようとしても分からないですからね。そういう意味で大事だし。学問をやっているから、「マーリンと弘法大師空海《こうぼうだいしくうかい》とを比較《ひかく》して見るような目」を持っているし。

表面意識が起きていても（あの世と同通しても）、ちゃんと冷静に合理的に判断する力を持っておられるから、まあ、〝ちょっと変わった力〟ですよね。

まあ、こういうのは、歴史的には、本当は釈尊《しゃくそん》がやや似ている感じかなとは思いますが。「非常に合理的で、論理的に物事を見分ける目」を持っていながら、「神秘能力」も同時に持っているというのは、釈尊ぐらいしかないですね。

あとの方は、神がかってくると、もう〝抑《おさ》えが利《き》かない〟のが普通ですので。神がかれば抑えが利かなくなるので。

まあ、（大川隆法さんは）それが両立している状態だろうとは思いますけどね。

「魔術師としての面」を全面開放したら、この世離《ばな》れしてくる

質問者Ａ　続けてお伺いしたいのですけれども、ケイシー様でもあられるマーリン様の目から見て、大川総裁のリーディングの意味、現代における歴史的・世界的意味について、何かご解説いただけないでしょうか。

マーリン　まあ、私は（エドガー・ケイシーとして生まれたときにリーディングを）やりましたけれども、非常にささやかでしたので、とにかく「記録を数多く遺《のこ》す」ということだけをやっていましたが、それを「広げる」という意味では弱かったんで。

まあ、どちらかといえば、個人相談？　いろんな人が個人相談に来るので、「病気を治すにはどうしたらいいか」から始まって、いろんな個人相談を重ねていくうちに、いろんな種類のリーディングが溜《た》まってきて、あと、研究所みたいになってね。後世の人たちが研究しているような状況にはなっているわけで。まあ、特定の宗教に偏《かたよ》りすぎないで、霊的現象としてやったわけで。

この流れは、戦後の日本にもかなり、本当は入ってきていると思うんですがね。「霊的な面がない宗教」というのは、やっぱり力がないですからね。

だから、うーん……、まあ、私もつかず離《はな》れず協力はしているほうですけれども、ほかにも何人か協力して、教えのほうで指導している方もいらっしゃるし。

「宇宙人系のリーディング」だと、私とかリエント・アール・クラウド王とかがよく使われておりますけれども、「教え」のほうになってきたら、やっぱり、イエスとか仏陀《ぶっだ》とかはよく出てきていますね。

ただ、「魔術師としての面」を持っているけど、まだ十分には使い切っていないと思います。それは、あなたがたにとっては、ある意味では〝安全〟なことではあるんだろうけれども、本当に魔術師としての面を全面開放したら、極《きわ》めて〝この世離れ〟してくることにはなると思います。

まあ、おそらくは、大川隆法さんは、信者の層がもうちょっと広まって、土台が固まって、海外まで固まって、宗教として不退転《ふたいてん》になるのを待っているんじゃないかと思いますがね。

そういう意味では、よく抑制《よくせい》していますね。そういうふうに思います。うん。

ヨーロッパに影響《えいきょう》を与《あた》えたオーディン神《しん》・ヘルメス神・トス神

質問者B　今、大川隆法総裁先生の霊能力の偉大《いだい》さについてもお話を頂きましたけれども、マーリン様として地上にお生まれになっていたときの、エル・カンターレとのご関係についてお教えいただけますでしょうか。

マーリン　うん。ヨーロッパのほうは、まあ、主としてオーディン神《しん》やヘルメス神……。オーディン神、ヘルメス神、それから、ときどきトス神。この三人ぐらいが影響《えいきょう》を与《あた》えていたのではないかなというふうには思いますね。

私のほうはどちらかというと、やっぱり、そうですね……、「オーディン系の霊力が入り込《こ》んできていた、最後の魔術師」じゃないかなあと思いますね。

だから、イギリスがノルマンの上陸で大陸に敗れて、キリスト教が完全にイギリスを制圧してきたあたりでは、オーディン信仰《しんこう》はもう消えていっていますので。まあ、「オーディン信仰として最後の魔術師」だったと思うし、「ケルトの魔術を受け継《つ》ぐ、最後の魔術師」だと思います。だから、オーディンの力がいちばん強い。

ヘルメスのほうはどちらかというと、その攻《せ》めてきているキリスト教のほうの(笑)、ちょっと〝裏〟のほうについていたことも多かったと思うので。南のほうから来る宗教勢力のほうのバックにいたかと思いますし。

まあ……、トス神というのは、今はアメリカへの影響力が非常に強いですけれども。アメリカの前には、トス神というのは、そうですねえ……、まあ、少なくとも、ヘルメスもありますけど、ローマ等にも影響はかなり強くあったように……。ローマとか、あるいは神聖ローマ帝国《ていこく》とかいうようなものには、けっこう影響は与えているんではないかなあとは思いますがね。

だから、エル・カンターレのなかでも、いろんな地域によって現れ方が違ってはいるので、そのへんは難しいところがありますね。中東のほうをやっている方もいらしたようですから。この世的には、そういう「宗教」や「民族」や「国家」が違うと、争いが起きたりもしていますからね。うーん……。

はい。そうですね。そんなところですか。

6　魔術師《まじゅつし》マーリンから現代人へのメッセージ

「人間の本当の人生とは何か」を教えることが必要

質問者C　それでは、信仰《しんこう》や魔法《まほう》の素晴《すば》らしさを忘れがちな現代人に向けて、何かメッセージはございますでしょうか。

マーリン　うーん。現代人は、「自分たちはすごく賢《かしこ》くなっていると思うし、豊かになっていると思うし、便利になっている」と思っていると思います。
　まあ、それは、そういうところはありますよ、私の当時から見れば。イギリスから日本まで、今は飛行機で十何時間あれば飛んでこられますしね。国内も、新幹線とかね、そういうもので走って行けるし、車も走っているしね。便利になっているので、便利になっている反面、神仏に頼《たよ》る力は弱くなっているだろうとは思うんですね。

だから、便利になっている反面、要するに、死角《しかく》というか、見えない面がかなり多くなってきているので。

この見えなくなっている面は、人生というものを、「この世に生まれてから死ぬまでの間だけ」と捉《とら》えれば、確かにプラスは多くなっているんだと思いますが、『死んでからあともあり、生まれてくる前もある』という大きな輪廻《りんね》の輪のなかで生きている」という考えから見れば、トータルで見てプラスかどうかは分からない面はあります。だから、「得たものだけ、失っている」ところはあるんじゃないでしょうかね。

そうした神秘能力の大切さを忘れて、「死んで自分がどうなるか」も分からず、「今現在、自分の心境が天国に通じているか、地獄《じごく》に通じているか」も分からない人間がたくさんいて、それにかかわらず、例えば、学歴とかそういうもので地位が決まったりしているのを、そのまま受け入れていますわね。最後は機械に頼ることも、そうとう多くなっておりますわね。

だから、やっぱり、「真実の人生観」として、「霊的《れいてき》なものを知らなくなっている」という意味では、ある意味では、小学生にもなっていないような面もある。「昔は当たり前だったこと、みんなが当たり前と知っていたことを分からなくなってきている」という意味では愚《おろ》かにもなっているし、長生きはできるようにはなったが、その分、間違《まちが》った生き方が長く続く場合もありえるようになっている。

その意味で、合理的で便利になったこの時代を否定するのは、今、必ずしも簡単なことではありませんが、同時に、霊的な側面、神秘的な側面、そして、「人間の本当の人生とは何か」ということを教えることがこれほど大事な時期も、またないのではないかなというふうに思います。

現代は「輝《かがや》く時代」であると同時に「危機の時代」でもある

マーリン　昔は、戦争して殺されたりしたときに不成仏《ふじょうぶつ》になることがあるので、信仰心を持たせて、ちゃんとあの世に還《かえ》ってから救いを求めて、天国へ還ることの大事さを教えることが必要だったんですが、今はそうではなくて、機械文明のなかで非常に便利に生きて、あとは、病気は医者が治してくれて、薬が治してくれてというなかだけで生きて、お金が魔法のようにいろんなものに効いてくるような世界は来ているけれども、死んでからあとのことを自信を持って説ける方は、九十九パーセント存在しない世界になっていますわね。

これは、人類史のなかでも極《きわ》めて稀《まれ》な、少なくとも歴史が遺《のこ》っているここ数千年のなかでは極めて稀な時代で、「輝《かがや》く時代」であると同時に「危機の時代」であることを、もっと知ったほうがいいと思いますね。

死んでも自分が死んだことが分からないで、「自分が何者であり、どこに生きているか」が分からない人がいっぱいいるということ。

一国の総理とか大統領とかをしたような人が死んで、実は地獄に行っていても、それが分からないということ。

それから、マルクスのような思想家で共産主義を説いていた人が、死んで自分がそういう思想家の地獄に行き、無間《むけん》地獄というところにいるだけなのに、その思想自体はこの世ではびこって、地球の半分ぐらいまで広がって、「神も仏もない。霊もあの世もない」というような思想に基《もと》づく国家が運営されている。

だから、「霊は存在しないから、怖《こわ》いのはウィルスだけ」みたいな国もあるけれども、これは愚かだと言うしかないんですよ。愚かだということに目覚めてもらう必要があるので、ここからもう一回、人間としての生き方や価値観、道徳律をつくり直す必要はあると思います。

だから、幸福の科学の教えている「合理的なこの世の生き方や作法《さほう》」も大事だけれども、幸福の科学が教えている「神秘的な側面」のところを、もっともっと勇気を持って広げられるような、そういう力を持って、そういう戦力をつくっていかないと駄目《だめ》ですね。

信者はたくさんいても、現実に活動家、行動家として、「それを広げるミッションがあるんだ」と思っている人はまだ少ないね。「自分が救われたらいい」とか、「自分の気持ちが救われたらいい」とか、その程度の感じや、ほかの宗教のように、「父親、母親の冥福《めいふく》を祈《いの》れたらいい」とか思っているような人が多いけど、それでは足りないのではないかなあと思いますね。

だから、私も出てきましたけど、「本当に世界的に、非常に大きな潮流《ちょうりゅう》を起こそうとしているんだ」という、その意味の偉大《いだい》さを知っていただきたいと思っていますね。うん。

質問者A　ありがとうございます。

最後は、「神の名をほめ称《たた》える人」を増やしていくこと

質問者A　二〇二〇年は、「降魔《ごうま》」という一つのキーワードを持って活動している面もございます。

魔法には、例えば、「スペル」「呪文《じゅもん》」というものもありますし、あるいは「魔法陣《じん》」という、悪霊《あくれい》・悪魔を閉《と》じ込《こ》めてしまう、「結界《けっかい》」をつくってしまう術もあると伺《うかが》っています。

現代において、「降魔」をしていく上で大切な考え方などがありましたら、お教えいただきたいと思います。

マーリン　あの世へ還りますとね、いわゆる天上界《てんじょうかい》と地獄界に分かれますので、住む場所が違うから交わらなくて済むんですよね。

ときどき、地獄界から天上界に攻撃《こうげき》を仕掛《しか》けようとしてくることもあるんですけ

どね。弱いところを見つけて、そこから抜《ぬ》け出して、天上界を混乱させようと企《くわだ》てる者がときどき出てくるんですけれども、霊界《れいかい》では、あっという間に、そういう法《ほう》力《りき》を持った私たちのような者が現れて、霊界の山をバーッと崩《くず》して、彼らが出てきた穴を埋《う》めてしまったり、あっという間に塞《ふさ》いでしまうようなことをして、入《い》れないようにしているんです。

だから、そういう意味では、「縦での違い」があるんですけれども、この世は本当に「玉石混交《ぎょくせきこんこう》の世界」なので、この世のなかで、こうした悪いことを考えている邪悪《じゃあく》なる者と共存しなければいけないことがあって、これから身を護《まも》らねばならないということがある。これは難しいね。

自分たちが好きな者同士集まっていれば、それでいいんだけど、そうはいかないですね。会社のなかでもいろんな人がいるし、会社の取引先にもいろんな人がいるし、近所から逃《のが》れられないものもあるわね。

子供を持てば、学校に行けば、学校にはいろんな親と、それから子供たちがいるし、先生がたもいろんな考え方の人がいるね。唯物論《ゆいぶつろん》の教育を教える先生もたくさんいて、まあ〝外〟はいろいろと入り乱れていますよね。

その意味で、「魔法陣」とか「結界」とか「法力」とか、いろいろ言いますけれども。まあ、細《こま》かいことは申しませんが、この世はそういうふうな玉石混交の世界だけれども、そういう玉《ぎょく》と石《いし》とが混在している世界というのは、もうひとつ美しくはない世界ですので、玉と石《せき》を分ける努力は必要かなと。

だから、そうした、光を求める人たち、光を信じて生きていこうとしている人たちが、ある程度集まって力を大きくすることが大事だと思います。

まあ、現代的な魔法陣で特別なものがあるわけではありませんけれども、あなたがたであれば、支部とか精舎《しょうじゃ》とかは結界により護られており、そこで信じる者たちが集まって力を充電《じゅうでん》するところですよね。

だけど、そういう人であっても、例えば、学校なんかに行けば、信じていない人が数多くいたり、先生も信じていなかったり、子供も信じていない友達のなかに入れられている。こういうことがありますから、常に結界のなかで自分たちを護ったり充電したりしつつも、外に向かって説法《せっぽう》をしたり、本を出してそういうものを読んでもらう努力をしたり、映画をつくったり、まあ、そういうようなかたちで教えを広げていく努力は、やっぱり、これ、もっともっとやらなくてはいけないので。

最後は、やっぱり、神の名をほめ称《たた》える人たちを増やさないと駄目なんですよ。だから、エル・カンターレを知り、大川隆法を知る人が日本に多くなって、しかも、悪い意味ではなくて、それを人類の至宝《しほう》として尊重する気持ちが、この国内にも外国にも必要だということですね。

「今、必要なのは、日本発信のハッピー・サイエンスの教え」

マーリン　今日は日本語で話はしましたけれども、少なくとも、イギリスであれば、「古代から中世に移る前の最大の魔術師といわれた、イギリス人ならほとんどの人が知っているマーリンという大魔術師は、今の日本の大川隆法師をサポートしている霊存在の一人だ」ということを、イギリス人に知ってもらうことは大事なことですね。

だから、「日本のハッピー・サイエンスの教えは、彼らに、次の時代の新しい宗教とは何か、真理とは何かを教える仕事をしているのだ」という気持ちで、もっと受け入れてくださいよ。

現実には、信者登録は何千人かいるかもしれませんが、信者と言えるほどの熱心な活動者はまだ数百人しかいないし。自分らのイギリスの誇《ほこ》りとか、ヨーロッパのプライドとか、英語圏《けん》や白人のプライドとか、いろんなものを持っていると思うけれども、やっぱり、真理の世界から見たら、そういうものではないんだということを知っておいたほうがいいし。イギリス人が現代では尊敬してやまない、イギリスを敗北から護ったウィンストン・チャーチルなんかも、過去世《かこぜ》は釈尊《しゃくそん》のお父様で生まれた方であるというようなことも知っておいたほうがいいよ。

「世界は一つだ」ということね。そして、「地球は一つ」ね。

その地球を超《こ》えた力の方々とも、今、霊的な交流は始まっていて、このエル・カンターレの教えというのは、もう一段の広がりを見せようとし始めているんだということですね。

まあ、こういうことを、もっと知ってほしいなあ。

だから、私としては、イギリスに何十万、何百万人のハッピー・サイエンスの信者が増えてくれることを祈りたい。

英国教会では救われない人は、たくさんいると思いますよ。墓地を予約するためだけに信仰しているなんていうのは、ちょっと情けないことですよ。

人間は、埋葬《まいそう》された肉体に魂《たましい》が戻《もど》って、ゾンビのように蘇《よみがえ》るわけではありませんよ。キリスト教最大の間違いの一つですよ。やっぱり、魂が本当の存在なので、「魂の救済」が必要。それには、正しい真理を学ぶことが必要で、「今、必要なのは、英国教会ではなくて、ローマのバチカンでもなくて、大川隆法師の教える日本発信のハッピー・サイエンスの教えですよ」ということを言いたいですね。

質問者Ａ　はい。本日はまことにありがとうございました。

マーリン　ありがとうございました。

7　魔術師《まじゅつし》マーリンの霊言《れいげん》を終えて

大川隆法　（手を二回叩《たた》く）珍《めずら》しい、マーリンという方の話でした。日本ではまだ知らない人も多いかとは思いますけれども、日本で言えば弘法大師空海《こうぼうだいしくうかい》ぐらいの方かと思います。

そのような霊的《れいてき》なパワーを持っている人とイギリスでは信じられている方で、空海とは年代的にもわりあい近い方ではないかと思います。

それでは、以上です。

質問者Ａ　はい。ありがとうございました。

第2章　ヤイドロンの霊言《れいげん》

二〇二〇年六月十二日　収録
幸福の科学　特別説法堂《せっぽうどう》にて

ヤイドロン

マゼラン銀河・エルダー星の宇宙人。地球霊界《れいかい》における高次元霊的な力を持っており、「正義の神」に相当する。現在、地上に大川隆法として下生《げしょう》している地球神エル・カンターレの外護《げご》的役割を担《にな》う。地球上で起こる文明の興亡や戦争、大災害等にもかかわっている。

［質問者はAと表記］

〈霊言《れいげん》収録の背景〉

本霊言は、「役小角の霊言」（第3章）収録前に、事前の調査と「収録中のご加《か》護《ご》」をお願いするために行われたものである。

役小角《えんのおづぬ》の魂《たましい》が地球に来た経緯《けいい》について

（編集注。背景に音楽が流れている）

大川隆法　（ヤイドロンが）「（呪《のろ》いを）研究しているんでしょう？（役小角《えんのおづぬ》は）よく知っていると思いますよ」と言っている。

「ただ、それが、仏教やキリスト教等の表側の宗教とはちょっと違《ちが》うものではあるだけで。でも、世界的には、いろんなところで使われているのは、間違いなく使われているので」。

質問者Ａ　よく、ホラー映画などでも、「呪術《じゅじゅつ》」とか（使われていますが）……。

大川隆法　（ヤイドロンが）「呪いが入らないと、悪霊《あくれい》もあんなふうに凶暴《きょうぼう》にはならないので。呪いが乗ってきているんです。あれは式神《しきがみ》の代わりなんです、悪魔の側の。悪魔とか呪術者の呪いが乗っているんだ」と。

質問者A　この間おっしゃっていたように、高橋信次《たかはししんじ》さんや役小角は、宇宙的に見ると、やはり、その星から〝左遷《させん》〟というか、追放者、追放されし者なのでしょうか。

ヤイドロン　うん。まあ、私は追い出したほう。

質問者A　そうですよね。それで、いまだに嘘《うそ》とかホラを吹《ふ》くから、「監視《かんし》対象者」ではあるということですよね。

ヤイドロン　うん。向こうでは敗れているんですけど、「地球では、まだ進化の協

●高橋信次（1927～1976）　昭和期の宗教家。電機系の会社を経営しながら、新宗教GLAを創設した。

力ができるのではないか」と思って地球に送ったんだけど、地球のレベルが上がってきたら、またちょっと危なくなってきたというのもあります。

質問者Ａ　なるほど。

ヤイドロン　だから、仏陀《ぶっだ》、イエスが出てきたあたりで、ちょっと、少し「裏」に回さないといけないかなあと。

野蛮《やばん》な戦いをずっとやっているようなときには、けっこう、こういう呪術とか超能力《ちょうのうりょく》的なものも、中心になることも多かったことは多かったので。

質問者Ａ　そうですね。日本でも、いわゆる霊山《れいざん》、力があると言われている山では……。

ヤイドロン　うん、そうだね、山岳修行《さんがくしゅぎょう》ね。

質問者Ａ　役小角などは開祖ですものね。

ヤイドロン　そうそうそう。

だから、ある意味では、昔のでは、行基《ぎょうき》、空海《くうかい》以外で挙《あ》げるとしたら、役小角が、やっぱり三大頂点ではあると思います、日本では。

質問者Ａ　いちおう霊的ではあるということですよね。

ヤイドロン　だから、まあ、そのなかでは、霊能力をこの世に降ろしてくるというところについては、そうとうの力は持っていると。だから、「霊的ではあるけど、この世的には常識から外れることがある」ということですね。

質問者Ａ　〝変なことをすることもある〟ということですね。分かりました。

役小角らは「霊能力」「フォース」は強いが、「教え」の部分が弱い

ヤイドロン　だから、仏陀とかイエスとか孔子《こうし》とかは、この世的にも道徳的な面が入っていて、この世の文明構築が正当になるようにやってはいるけど。このへんになると、もう、「別に、あの世と、どっちでもいいじゃないか」というような感じにはあるということですよね。「この世はしょせんゲームの世界」と思っているところがあるので。

質問者Ａ　ただ、創造主が地球という修行の場を創られたということは、やはり、人間は、この世でも人として修行はしなければいけないということですものね。

ヤイドロン　まあ、でも、「鬼滅《きめつ》の刃《やいば》」だとか、「妖怪《ようかい》人間」だとか、あのへんの類《たぐい》のものは、みんな、まとめてこちらのラインには入っていると思いますよ。

質問者Ａ　はい、そうですね。ちょっと気持ち悪いかもしれません。すみません。

ヤイドロン　「人間から離《はな》れた力」を求める。だから、「悟《さと》り」を求める方向に……。

質問者Ａ　ではなくて……。

ヤイドロン　そのなかに、霊的にだけ入っていくと、「超能力信仰《しんこう》」のほうに入っていくので、超能力信仰そのものはなくならないし、全世界に、現にあります。だから、ある意味で、この世の道徳が常識をつくっている場合に、そちらのほうを封印《ふういん》している場合もあって、力的に足りない場合もあることもあるので。

それがあったほうが強い場合、そういう悪念を持って攻撃《こうげき》してきたりするような者に対しては、念返しは強い。物質化現象とか、そういうものをいろいろ起こす力が強いことは強いんです。

質問者A　例えば、生霊《いきりょう》とか悪霊とかから呪いがずっと来ていて、説得しても相手がそれをなかなか理解しない場合、効果が……。

ヤイドロン　「説教」で駄目《だめ》なような場合に、「霊能力」でやるわけです。

質問者A　そういう場合にやるわけですね。

ヤイドロン　「フォースはどちらが強いか」という話のときですね。

質問者A　では、今日の霊言《れいげん》（本書第3章「役小角の霊言」）では、そのあたりをお訊《き》きするということになるでしょうか。

ヤイドロン　うんうんうん。「フォース」ですよ。

質問者A　（役小角が嘘やホラを吹かないように）いちおうご加護《かご》を……。

ヤイドロン　だけど、「スター・ウォーズ」の世界で理解できるのは「フォース」までで、「教え」までは理解できていないので。

質問者A　できていないですね。描《えが》けない。

ヤイドロン　うん。描けないので。

もちろん、釈迦《しゃか》にもイエスにも、そういうフォースはあるんですけどね。ただ、何と言うか……。

質問者A　いちばん持っているはずなんですけれども、それを抑《おさ》えている。

ヤイドロン　どちらかというと、「人間が真っ当になる方向」を指導してはいるので。

まあ、モーセなんかも、たぶん近いほうにいると思うから。でも、民度が低いと、そうでないとついてこないんですよ。

質問者A　「目に見えるかたち」で表さないと、そういう神様とか、偉大《いだい》な人がいるということを理解できないから、そういうものを使うことが、必要なときもあると。

ヤイドロン　そうなんです。非現実なことが起きないと。だから、幸福の科学も、今、「病気治し」とか「金粉《きんぷん》降らし」とかしていますけど、もっといろんなことを起こせるんですよ。それは、東京湾《わん》を半分に割りたければ、こちらのほうに、やっぱり、もうちょっと入らないと駄目でしょうね。

質問者A　分かりました。格闘技《かくとうぎ》や剣術《けんじゅつ》も、最後は超能力《ちょうのうりょく》と一体のもの

質問者A　今日、これから（霊言を）やりますので。

ヤイドロン　ああ、私は見ています。

質問者A　いちおうご加護を……（笑）。

ヤイドロン　はい。〝審判《しんぱん》〟ね。

質問者A　はい。当会の本として出せる範囲《はんい》の、霊言として出せる範囲のものになるように。

ヤイドロン　まあ、質問者の興味・関心も、ちょっと関係が出るかもしれませんね。でも、こちらのほうの系統を引いている人も、（教団の）内部にはけっこういると思うんですよ。超能力信仰《ちょうのうりょくしんこう》を、過去、やっている人はいっぱいいいると思うので。

まあ、でも、これも一つの流派ではあるので。完全には否定できない。否定できないです。

質問者A　完全になくなると、もっと唯物論《ゆいぶつろん》が進むところがあるんですよね。

ヤイドロン　だから、格闘技《かくとうぎ》だって、剣《けん》だって、最後はもう超能力と一体ですから、あれは。

質問者A　まあ、その人の持てるスーパーパワーが出てくるということですね。

ヤイドロン　一体ですよ。一体なんですよ。空手《からて》とかでもそうですよ。だから、実は一体なんですよ。あんなの、仙人《せんにん》や天狗《てんぐ》とか、いろいろ協力してるんだよ、みんな。

質問者A　分かりました。

ヤイドロン　そうしないと、「気《き》」だけとかいうの、あんなの、あるわけないじゃないですか。やっているんですよ、やっぱり。超能力開発をしているんですよ、あれ。

まあ、一つの……。まあ、これだけじゃないんですけど、これだけじゃなくて、今、「気」というのは言ったけど、中国にもまだあるのは、そうした、もうちょっと、何て言うかなあ、うーん。まあ、（映画の）「ドクター・ストレンジ」のほうかもしれないけれども、「天地自然の万物《ばんぶつ》の裏にあるものを動かして、何かを変えようとする力」が、もう一つあるんです。

こういう、今のこれが、「念力《ねんりき》」的なものが〝フォース的なもの〟だとしたら、「気」のほうはフォースじゃなくて、〝渦巻《うずま》き状に力を起こしていくようなもの〟が、もう一つあるんですよ。

これはまだ、完全には開放されていません。これが早く出すぎると迫害《はくがい》されて、〝貞子《さだこ》化〟するんですよ。

質問者A　なるほど。なるほど。

ヤイドロン　できるんですけどね。だけど、あんまりやりすぎると、〝貞子化〟して、この世で迫害を受けることが早くなるんでね。

質問者A　分かりました。

　呪術《じゅじゅつ》的なものがプラグマティックな近代西欧《せいおう》型に敗れていく流れ

質問者A　この間、ズールー神《しん》も来てくださったりしたので。

ヤイドロン　ズールー神も、そちらの系統ではあるんです

●ズールー神も……　『大中華帝国崩壊への序曲―中国の女神 洞庭湖《どうていこ》娘娘《ニャンニャン》、泰山《たいざん》娘娘／アフリカのズールー神の霊言―』（幸福の科学出版刊）参照。

けどね。

質問者A　そうですよね。

ヤイドロン　いや、あっちはもう、アフリカなんか、そんな難しいことを言っても、もう無理なので。現世利益《げんせりやく》をくれるのはいい神様で、悪いことしたら罰《ばっ》せられると。まあ、そういう「怖《こわ》い神様」と「いい神様」というように、明確でなければ分からない。

だから、「バッタをいっぱい発生させる神様」みたいなものは、今、日本にはそんなにいないですよ。

質問者A　ああ、（呪術《じゅじゅつ》等も研究しようと思ったのは）あれも関係しているかもしれません。

モーガン・フリーマンの「ストーリー・オブ・ゴッド」のシリーズは、世界のいろんな宗教を勉強できるところがあって、観《み》させてもらったのですけれども。

ヤイドロン　だから、そういうのをやっている人……。たぶん、南米・中米もけっこう強いと思います。

でも、それは、たぶん、近代の西欧《せいおう》型に滅《ほろ》ぼされていったものだと思う。「呪術だけでやろうとするもの」が、「プラグマティックにやろうとしていくもの」に敗れているんだと思うのでね。

質問者A　「法力《ほうりき》」も、一見すると「スーパーパワー」「超能力」なんですけど、釈《しゃく》尊《そん》やイエス様だと、「法力の裏にある悟りの部分を、どのように言葉で人々に伝えるか」ということをしてくださっているわけですよね。

●「ストーリー・オブ・ゴッド」　アメリカのテレビ・ドキュメンタリーシリーズ「ストーリー・オブ・ゴッド with モーガン・フリーマン」のこと。

ヤイドロン　「言葉」で伝えている。「言葉」で伝えているんですよね。

質問者Ａ　「言葉」です。

ヤイドロン　だから、孔子様もね、そうだろうし、まあ、ソクラテスとかもそうでしょう。言葉で伝えている。

だけど、言葉じゃなくて、「はっきりと目に見せる」というのもあるのでね。だから、まあ、そういうものも備わってはいるんですよ。相撲《すもう》の横綱《よこづな》みたいな力も、それは「神の力の一つ」なんですよ。ああいう強さね。吹っ飛ばすような強さね。

質問者Ａ　はい。分かりました。

ヤイドロン　それから、将棋《しょうぎ》なんていうものもやってますけど、あんなのも、また独特の、あの世でね、そんなのを研究している、まあ、仙人と言やあ仙人でしょうね。

そちらの人もいるんですよ。まあ、役に立たない、いわゆる生産性がないという意味では一緒《いっしょ》なんですけれども、全然、遊びですから。

遊びが金《かね》になるという、まあ、珍《めずら》しいケースですけれども、生産性はないです。ただ、頭脳訓練ぐらいにはなりますけどね。

まあ、そういう世界もあります。

だから、戦争なんかで軍師みたいになってくると、このへんはちょっといろいろ入り乱れています。いろんな人が参加していますね。

「現象」よりも「言葉」のほうが、普遍《ふへん》的に後代まで遺《のこ》る

ヤイドロン　まあ、でも、調べることも大事なんじゃないですかね、たまには。

質問者A　はい。

ヤイドロン　まあ、明後日《あさって》に響《ひび》かないように、ちょっと気をつけていきましょう。教団があまり違うほうに行ってもいけないので。

質問者A　そうですね。（力も）使い方を間違えると、一瞬《いっしゅん》で変な方向に行っちゃいますからね。

ヤイドロン　天狗さんだって、八手《やつで》の葉っぱで風を吹かすっていうのは、「イエスみたいな負ける神は嫌《いや》だ」というのと一緒なんだろうと思うけどね。自分だって転ぶもんね。

●明後日に……　本収録の2日後の6月14日、幸福の科学学園那須《なす》本校の開校10周年記念式典があり、「勝利するまで粘り抜け」と題して法話を行った。

質問者Ａ　ただ、イエス様はその「精神」が遺《のこ》りましたから。「力」だけではなくて。

ヤイドロン　いや、「言葉」のほうが普遍《ふへん》的に遺るんですよ。

質問者Ａ　そう、やはり、言葉が遺ったから、最終的に勝ったということですね。

ヤイドロン　「現象」そのものはね、その時代の人は分かるけど、あと、もう次の代は分からない。ただ、そういう現象を伴《ともな》わないと、神近き者だっていうことが分からないことがあるんでね。

まあ、現象の部分がね、今、ちょっと出てきているから、幸福の科学も。これは、ほかの発展途上《とじょう》国の人たちに分からせるには、多少、必要かなとは思います。

質問者A　分かりました。

唯物論《ゆいぶつろん》・無神論国家の中国も「超能力」は恐《おそ》れている

ヤイドロン　また、これはある意味で、唯物論《ゆいぶつろん》を破るものでもあるし。

質問者A　そうですね。はい。

ヤイドロン　唯物論の中国、無神論の中国でも、超能力だけは研究しているんですよ。

質問者A　映画などを観てもすごいですからね。ＣＧを使っての人工的なものではありますけれども。

ヤイドロン　軍事的にも、超能力者は構わないんですよ。研究……、自分らが使える超能力者を、彼らは持っています。

質問者A　ロシアも、いちおう、スパイとか、超能力修行のようなことをやっているところがありますよね。

ヤイドロン　中国は、今、幸福の科学に手を出していないけれども、ある意味で、そちらの超能力者なのかなと思っているところはあるので。

質問者A　なるほど。そういうことの理解はできるわけですね。

ヤイドロン　うん、そうそう。そういう超能力者だったら怖いことがあるという。それは知っている。それはいるんですよ、あっちにも。

質問者Ａ　分かりました。はい。ありがとうございます。

大川隆法　はい（手を一回叩《たた》く）。

第3章　役小角《えんのおづぬ》の霊言《れいげん》

二〇二〇年六月十二日　収録
幸福の科学　特別説法堂《せっぽうどう》にて

役小角《えんのおづぬ》（生没年不詳《せいぼつねんふしょう》）

七、八世紀の呪術者《じゅじゅつしゃ》。修験道《しゅげんどう》の祖。諡《おくりな》は神変大菩薩《じんぺんだいぼさつ》。賀茂《かも》の一族の出身。大和《やまと》の葛城山《かつらぎさん》で修行《しゅぎょう》をし、孔雀明王《くじゃくみょうおう》の呪法《じゅほう》を習得する。吉野《よしの》の金峰山《きんぷせん》や大峰山《おおみねさん》など多くの山を開いたが、文武《もんむ》天皇のときに妖惑《ようわく》の罪、謀反《むほん》の疑いをかけられ、一時、伊豆《いず》に流された。鬼神《きしん》を使役《しえき》し、命令に従わない場合は呪術によって縛《しば》るなど、神通力《じんつうりき》の持ち主として知られ、山岳《さんがく》仏教のある各山には数多くの伝説が遺《のこ》っている。

［質問者四名は、それぞれA・B・C・Dと表記］

1　役小角《えんのおづぬ》に「呪《のろ》い」や「日本霊界《れいかい》の秘密」について訊《き》く

空海《くうかい》、行基《ぎょうき》と共に、日本霊界で霊的に大きな力を持っている役小角

大川隆法　今日は「役小角《えんのおづぬ》の霊言《れいげん》」をやってみようかと思っています。

先般《せんぱん》、「呪《のろ》い」と「呪い返し」等についても研究に入ったところなのですが、これから世界の宗教をいろいろ調べてみるに当たり、やはり、この部分の研究ももう少し要《い》るのではないかと思います。いわゆる「言葉による啓蒙《けいもう》」という手段以外の宗教もかなり多いので、このへんについてまったく勉強が足りないと、思わぬ不覚を取ることもあるかもしれないと考えております。

役小角は七、八世紀ごろの人といわれています。鎌倉期《かまくらき》に高僧《こうそう》がたくさん出ていることになってはいるのですが、その前だと、私の印象としては、やはり、空海《くうかい》、

行基《ぎょうき》、役小角あたりが、特に日本の霊界《れいかい》においては、霊的に大きな力を持っている存在なのではないかと思っています。

役小角には仏教的な要素も少し入ってはいるのですが、日本の伝統的なシャーマニズム的なものも感じられますし、インド・ヨガ仙人《せんにん》系のものも少し感じられます。日本霊界には、「裏側」といわれている、「天狗《てんぐ》」「妖怪《ようかい》」「仙人」「龍神《りゅうじん》」「妖狐《ようこ》」、そういうものがいろいろとたくさんいる世界もあるのですが、意外にその領域は広いように思われます。それに関しては、この役小角あたりが、たぶん力を持っているのではないかと思っています。

おそらく、当会とも何度か接触《せっしょく》はありますし、初期には、もしかしたらお世話になっているのではないかと思いますが、公式的にはあまり出したことはないので、一度調べてみようかと思っております。

役小角の超能力《ちょうのうりょく》にまつわるさまざまな逸話《いつわ》

大川隆法　彼は超能力《ちょうのうりょく》を持っていたようです。大和《やまと》の葛城山《かつらぎさん》に住んでいたのですけれども、「弟子《でし》の韓国連広足《からくにのむらじひろたり》の讒言《ざんげん》で伊豆《いず》に流された」とも言われています。「鬼神《きしん》を使って、いろいろなことをしていた」という話もあるので、後《のち》の陰陽師《おんみょうじ》が式神《しきがみ》を使ったのと、ちょっと似たところがあります。にわかには、そのとおりに信じられないものはあるのですが、「鬼神を使って、水汲《みずく》みをやらせたり、いろいろな、いわゆる雑用をやらせたりしていた」という話もあります。

また、富士山《ふじさん》で修行《しゅぎょう》をしたという話もあります。同じく大和のほうに一言主大神《ひとことぬしのおおかみ》という神がいるのですが、この神がかかってきて霊言をした人が、「役小角は陰謀《いんぼう》を企《たくら》んでおり、天皇を滅《ほろ》ぼそうとしている」というふうな讒言をしたという説です。

天皇のほうは役小角を捕縛《ほばく》しようとして軍隊を送ったのですが、呪力《じゅりょく》が強くて勝てなかったので、役小角の母親を捕縛して人質《ひとじち》に取ったところ、降参してきて捕縛されました。そして、やはり伊豆のほうに流されたのですが、夜間には富士山で修行をしていたという話もあるのです。

それから、「空を飛べるようになり、五色《ごしき》の雲に乗って、空をいろいろ飛行していた」という話もあります。

具体的には分かりづらいのですが、何らかの超能力者であったことは間違《まちが》いなく、私たちがまだ十分に説き切れていない部分を知っている可能性は、あるのではないかと思っています。

役小角を招霊《しょうれい》し、日本霊界《れいかい》の秘密等について訊《き》く

大川隆法　そういうことで、「役小角の霊言《れいげん》」で、「呪術の可能性とは何か」というテーマを仮に出してみました。

教団の執行部《しっこうぶ》の人なんかでも、いろいろと言うことをきかない人は多くて、何か呪術ぐらい使ってみたい気持ちがある人も多いのではないかと思いますし、お祓《はら》い

のようなものをやってみたいと思ったりもしているだろうとは思うのです。「活字による学習」での仏法《ぶっぽう》の吸収だけだと、若干《じゃっかん》足りないものも現実にはあるのではないかと思っています。このへんで何か違った意見が聞ければ、うれしいかなと思っています。

では、呼んでみます。

質問者A　お願いいたします。

大川隆法　（瞑目《めいもく》して合掌《がっしょう》し、手のひらを擦《す》り合わせて）それでは、日本の宗教において大きな影響《えいきょう》を与《あた》えられ、「神変大菩薩《じんぺんだいぼさつ》」の称号《しょうごう》も賜《たまわ》っておられます、役小角さんをお呼びしまして、われわれのまだ十分に悟《さと》り切れていないところといいますか、宗教的に自覚の足りないところについて教えていただき、日本霊界の秘密などについても教えていただければ幸いかと思います。

役小角の霊よ。
役小角の霊よ。
どうぞ、幸福の科学に降りたまいて、その心の内を明かしたまえ。
よろしくお願いします。

（約五秒間の沈黙《ちんもく》）

2 呪術《じゅじゅつ》や修験道《しゅげんどう》の目的とは

本来、宗教は〝スーパーナチュラル〟なもの

役小角　（鼻で息を吸う音）フフン。

質問者A　役小角様でいらっしゃいますでしょうか。

役小角　うん。

質問者A　本日は、幸福の科学にお越《こ》しくださり、まことにありがとうございます。

役小角　うーん。うん、うん、うん。

質問者A　本日は、役小角様の霊言《れいげん》として「呪術《じゅじゅつ》の可能性とは何か」というテーマを頂いております。

現在、われわれは呪術について研究を進めているところなのですけれども、本日は、かつて、呪術的宗教家として日本で非常に影響力《えいきょうりょく》のあった役小角様に、呪術の可能性などについて教えていただきたいと思っております。

役小角　まあ、日本の宗教なんて、ほとんど「呪《のろ》い」と「呪い返し」じゃない?だよなあ。それが、実際上、医者の代わりであったしね。

漢文からの仏教の勉強とかね、儒教《じゅきょう》の勉強とかね、そんなものも入ってきたので、学者が整理する余地が入ってきて、宗教が学問的になってきてはいるけれども、本来はもうちょっと〝スーパーナチュラル〟なものだと思うんだなあ。

「五感を超《こ》えた力」として「第六感」「第七感」がある

質問者Ａ　役小角様は「修験道《しゅげんどう》の祖」といわれております。

役小角　うん。

質問者Ａ　現代においては、その修験道について、やや理解が乏《とぼ》しくなっているところがございますので、まず、「修験道とは何なのか」ということと、「修験道における呪術の役割とは何なのか」ということについて、私たちに分かるようなかたちでお教え願えないでしょうか。

役小角　まあ、街ができてね、この世の生活も楽になって、豊かになってきているからねえ。だから、この世が住みよくなって、生きやすくなって、この世の生《せい》に執《しゅう》着《ちゃく》している人が多くなってきているからね。

そういう人たちを迷いから解き放つためには、「神秘的な力等に目覚めたくはないか」という勧誘《かんゆう》が一つにはあるわけだよねえ。人間を超《こ》えた超人《ちょうじん》だな、一種のな。「そういうものに対して惹《ひ》かれないか」という誘惑《ゆうわく》を、もう一つ持っていないと、どうしてもこの世に堕《お》ちていく人が多いのでね。

そのためには、「山岳修行《さんがくしゅぎょう》」とは言うが、人との交流も断《た》ってね、厳しい自然のなかで、足るを知り、肉体的な鍛錬《たんれん》にも励《はげ》んでね、そして、ある程度の霊覚《れいかく》、霊的な覚醒《かくせい》を得て、普通《ふつう》の人間は持っていないような「五感を超えた力」を持つようになることだよね。

「五感」っていうのは、「眼《げん》・耳《に》・鼻《び》・舌《ぜつ》・身《しん》」のあたりですがね。これは仏教で勉強しているだろうけれども。そうした肉体で感じるセンサー以外に「霊感」っていうのがあって、「第六感」であるけれども、この霊感としての「第六感」はインスピレーション系の力だね。

そして、「第七感」っていうのがあると、これを超えて、インスピレーションを受けるだけではなく、霊界《れいかい》に積極的にかかわりを持つことができるようになる。例えば、霊界を探訪したり、あるいは、霊界にあるものを現象化したりとかね、この世にあるものを霊界に送り込《こ》んだりとかですね。

この世とあの世の壁《かべ》を超えて行き来したり、物質化させたり、霊界に送り込んだりするような能力になると、いわゆる、「インスピレーションを受ける。あるいは霊示《れいじ》を受ける」っていう、「第六感」を超えた「第七感」に入るわけだよね。

そして、「第七感」を得るためには、やっぱり、ある程度、人間的生活を捨てて修行しなければいけないわけね。だから、肉体から来ている煩悩《ぼんのう》を克服《こくふく》して、霊的な自分というものをキチッとつかんで、さらには、霊的修行というものがあるわけだよね。近年では、出口王仁三郎《でぐちおにさぶろう》なんかも、そういう修行はしていると思うけどね。

質問者A　なるほど。そうしますと、修験道とは、やはり、「霊能力を修行によって開発しながら、そうした霊能力というこの世ならざる力によって、何か善なるものを進めるもの」というようなことでよろしいのでしょうか。

役小角　うーん。そうだし……、いや、「善なるもの」というか、「真理」を教えようとしているだけだけどね。

「あの世の視点」で自分のあり方を考えられるか

役小角　（手元の資料を指して）ここに書いてあるのを見れば、「六三四年一月一日に大和国《やまとのくに》に生まれて、七〇一年に『没《ぼっ》した』のではなく『昇天《しょうてん》した』とされる」と書いてあるから（笑）、まあ、イエス・キリストと同格だな、これじゃあ、なあ、ほとんどな。

だから、「没する」んじゃない。「死ぬ」んじゃない。この世で死なない。あの世に昇天する。「被《ひ》昇天」だなあ。「天に還《かえ》った。もう、本来の世界に還った」っていうことだから、自分の足場があちらにあったことを意味しとるわなあ。この世は「仮の姿」であってなあ。

このへんは、理解するのは難しかろう。

質問者Ａ　そうですね。では、先ほどおっしゃっていた「真理」というのは、分かりやすく言うと、どのようなことなのでしょうか。

役小角　だから、君らは、そこに座《すわ》っておりながらさあ、「自分は夢幻《ゆめまぼろし》なんだ」と理解できるかい？　っていうことだなあ。「お昼を食べ、マイクを握《にぎ》り、時計をし、スーツを着て話している私は、本物の私ではなくて、これはもう陽炎《かげろう》にしかすぎないんだ」っていう自覚にまで至れるかどうかって、簡単ではないだろう？　やっぱり。

質問者Ａ　はい。

役小角　なあ？　そうでなくて、やっぱり、「今月の月給は幾《いく》らか」とかなあ、「子供は何曜日に遊びに帰ってくるか」とかさ、そんなことに引っ張られるだろ？　だから、この世から遊離《ゆうり》することは簡単なことではないわなあ。

質問者Ａ　やはり、霊能力を身につけることによって、「自分は霊的な存在である」ということを知る、理解するということでしょうか。

役小角　うん。だから、「霊的世界があり、そういう指導霊とか、守護霊《しゅごれい》とかがある。あるいは、死霊《しりょう》とかも、いろいろと悪い影響を及《およ》ぼしたりするようなことがある」というのを感じ取る、「祟《たた》りもありうる」ということを感じ取るのは、「第六感」の世界で十分なんだけどね。

まだ、これは、この世に足場があっても、それは感じられることだけど。「第七感」まで行くと、「自分が、やはり……、本体が向こう側という霊界にあっていうことを知りながら、影絵《かげえ》のようなこの世の世界に映っている〝影絵の自分〟を、どのように……、まあ、人形浄瑠璃《じょうるり》で言えば、上から糸を引っ張って見えるようにするかを考える。あの世のほうの視点で、自分のあり方を考えられるようになる」っていうことだなあ。

霊界《れいかい》では、「思い」によって世界の展開を変えることができる

質問者A　「呪術」について伺《うかが》いたいのですけれども、そういった世界のなかで、呪術というものは、どのような役割を果たすのでしょうか。

役小角　ううーん……。まあ、霊界《れいかい》においては、思ったことがね、実現する世界なんだよ。これは、学んではいるんじゃないかと思うがなあ。

例えば、「誰《だれ》それと会いたい」とか強く思うと、向こうの人に届いて、向こうが距離《きょり》を飛んで現れてきたりするようなことがあるし、こちらがあちらに、距離を飛んでいくことがあるから、鉄道も要《い》らない、飛行機も要らないでそれができるし。

現実には、イエスなんかも言っている、「この山動きて海に入《い》れ」じゃないけど、そういうことも……。まあ、霊界だと、自分が空を飛んでいて、目の前に山があったら、「あっ、山にぶつかるなあ」と思っても、この山が二つに割れるなり、トンネルみたいなのができて抜《ぬ》けていくみたいなことがあって、「思い」によって、その世界は展開を変えることができるね。

君らの世界では、「バーチャル・リアリティー」みたいなものかなあ、そんなような感じで。CGかなあ、そんなようなもので、いろんなものがつくれるようにですねえ、ちょっと自由自在になるところはあるんだよなあ。

それから、「ものをいろんなものに変えられる」という造化の作用まで出てくるからね。「魔《ま》法《ほう》使《つか》いの世界」なんかに行けば、「気に入らない人間をガチョウに変えたり」とかねえ（笑）、「ネズミに変えたり」とかいう、本当に魔法の世界ではあるようなことが、現実に霊界では起きうることだわな。こちらが、そういう修行を積んでおればね、そういうことはある。
この世に降ろす場合は、そのとおりいくか、ちょっと違《ちが》ったかたちになるか、さまざまではあるけどね。

「他宗からの呪《のろ》い」をことごとく跳《は》ね返してきた幸福の科学

質問者Ａ　呪術の「目的」について伺います。「結果」として、例えば、「病気が治った」とか、「何か物を持ってこさせた」とか、あるいは「物当《ものあ》てをした」とか、そういったことが文献《ぶんけん》に遺《のこ》っているのですけれども、呪術を行った目的にはどのようなものがあったのでしょうか。

役小角　いやあ、君らだって、それ、こんなものを信じてなければ、精舎《しょうじゃ》で祈願《きがん》とかをやるのは、まことに不謹慎《ふきんしん》なことであろうなあ。

祈願とかも、ある意味で……、まあ、どちらかといえば、「本人によかれ」と思うようなことを祈願はしているんであろうけどな。これ、呪術の半分の面だよなあ。残り半分の面は、逆に、「君たちを妨害《ぼうがい》するもの」とか、「敵になって現れてきているもの」とか、こういうものから護《まも》る力はあるわなあ。

だから、大川隆法にだって、そういうものはないわけではないし。過去、一九八〇年代から、講演会をやってね、いろんな急成長をして、いろんなところから嫉妬《しっと》を受けたときに、「他の宗教からの呪《のろ》い」とかをそうとう受けているよなあ。

例えば、横浜《よこはま》アリーナで講演したときには、あそこ、うーん……、まあ、はっきり言っていいのかどうか分からないが、立川《たちかわ》にある密教《みっきょう》系の仏教教団があるけどね。今も、「ある程度の勢力がある」とは言われているけれども、そこもよく使ってたらしくて。

裏方の作業をする、何か、舞台《ぶたい》をつくる業者が同じ業者だったので、向こうの様子も分かっていて、「立川の本部で、霊能力者、向こうの能力者たちが、一生懸命《いっしょうけんめい》、大川隆法を倒《たお》す呪いをかけていて、一週間やったのに、向こうのほうが引っ繰《く》り返ってしまった」ということがあって、それが、その業者から幸福の科学に伝えられた話として伝わっているね。

「こんなことは初めてだ」という。「普通は、二、三日も呪術をかければ、相手は死ぬんだ」と言っているのに、「かけたら、こちらに返ってきた」っていうのを向こうは言って、「負けた」っていうことを言っていたっていう。これ、大川隆法のほうは、まったく感じてもなかったらしいので。そのときは、横浜アリーナをよく使ってたころだと思うけどね。

そんなこともあったし、京都で、京都のテレビ局の空《あ》いている講堂を使って講演会をやったときも、桐山靖雄《きりやませいゆう》がまだ健在で京都にいたとき、「悪魔が入っていると、幸福の科学のほうに言われた」っていうことで、あちらも密教の呪力を使って、大川隆法を〝呪い殺し〟にかけていたけど、「あちらも倒れた。引っ繰り返った。二日で引っ繰り返ってしまった」ということが現実には起きているので。できないようにしようとして。

　こういうことを、やっぱり、敵が出てきてやるんだけどね。だけど、こちらのほうの霊力のほうが強ければ、相手のほうに跳《は》ね返っていくことがあるので。

強い者を呪《のろ》った場合は、逆に自分のほうがやられてしまう

役小角　君は、この前、「鏡返し」とか、そんなのを聞いたとは思うけれども、こちらのほうが修行が進んでいたり、力が強かった場合は、その強い者を呪《のろ》った場合は、自分のほうが逆にやられてしまうことはあるわなあ。

　ほかにも、これ、幾つか例はあるので。本人が全然気がついていないところで相手のほうが引っ繰り返るケースは、過去、いっぱい出ているはずですよね。

　だから、オウム真理教も、事件性があって、ああいうか

大川隆法
あなたの身を護る予防法と対処法
「呪い返し」の戦い方
病気や事故、身の回りの不運……
あなたも気づかないうちに、誰かに恨まれているかもしれない。
「呪い」の発生原因から具体的な対処法まで。現象化した実例も交えて、霊的作用の真相を解き明かす。
人生の運勢を好転させる「智慧」が、この一冊に。

●「鏡返し」……　『「呪い返し」の戦い方』（幸福の科学出版刊）参照。

たちで逮捕《たいほ》され、教団を殲滅《せんめつ》されて解散させられているけど、大川隆法に競争を挑《いど》んだのは明らかだよね。競争を挑んだら、四年後には教団壊滅《かいめつ》になっているよね。

まあ、この世的な条件もいろいろあるから、完全に霊能力だけとは言えないけれども、麻原《あさはら》の言《げん》によれば、「強い者は勝ち、弱い者は負けるんだ」と本人が言っていたので、まあ、そのとおりではあっただろうな。「競争しても勝てない相手もいる」っていうことだわなあ。

3　霊力《れいりょく》や念力《ねんりき》の鍛《きた》え方について

商社時代に経験した、「呪《のろ》い返し」に似た出来事

質問者Ａ　ただいまのお話のなかに、「霊力《れいりょく》」という言葉がありました。大川隆法総裁先生の霊力が強いために、今、おっしゃったような事例の人たちは勝てなかったということでしたけれども、この霊力について、役小角様は、どのようなものだと説明されますでしょうか。

役小角　まあ、生まれつきのものもあるし、もちろん、修行《しゅぎょう》で後天的に強くなってくるものは当然あるので、それは、しょうがないなあ。

将棋《しょうぎ》の才能みたいなものだって、生まれつきのものはあるとは思うが、駒《こま》の使い

方と、やっぱり試合、練習しなけりゃ強くはならないわなあ。そんな感じなんで、才能のない者は強くはならないけど、才能があっても練習しない者は強くならない。その両方相まってのものだよな。現在ただいまの力が出るよね。

今のは、宗教家としての大川隆法に起きた、他の宗教への「呪《のろ》い返し」が現実に起きた話で、こちらがやってもないのに勝手に倒《たお》れている、相手がね。まあ、そういう話だけど、宗教家になる前の話でも、やっぱりあることはあって。

先般《せんぱん》も、家のなかでは話をしていたようであるけれども、商社に入ったときに、本人は法学部で法律の勉強をしていたから、それが使えるとしたら、法務を中心とする審査《しんさ》本部っていうところだったら、自分も仕事ができるからということで、そちらから声がかかっていたので、第一志望にしていたんだけれども、会社の人事部のほうは、やっぱり、もうちょっとエリートコースの財務本部、お金を扱《あつか》う部門のほうに入れたくて、そちらのほうに入れた。

そのときに同期で入った者のなかで、早稲田《わせだ》の商学部で財務諸表論を専攻《せんこう》して、あるいは、外為《がいため》とかも勉強していた人が、新入社員の四月のときに財務本部に来て、「なんで、おまえみたいな財務の素人《しろうと》が財務本部に入ってエリートになるんだ。俺《おれ》は財務の専門で勉強した人間なのに、営業のほうに回された。おかしいじゃないか」みたいなことを言った。

大川隆法のほうは、そういうことはよくは知らなかったので、どっちがエリートコースかも考えてなかったので、会社が判断しただけなんだけれども、「ああ、そうか、そちらが専門なのか。それは申し訳ないな。自分のほうは外国為替《かわせ》とかはさっぱり分からないし、資金のこともよく分からないのに、なんで入ったんだろうね」みたいな話をしていた。

そんな話をしたら、それは四月の終わりごろで、五月の連休のときに、それを言ってきた早稲田の彼は、オートバイで箱根《はこね》の山を走っているときに、ガードレールを越《こ》えて飛んで、事故で死んでしまっているっていう。ちょっと、あまりにも直後に、そういうことがあったっていう。

もちろん、呪ったというようなことがあったわけじゃないけれども、現象として
そういうことがあったのを聞いて、みんな、「ああ、それは罰《ばち》が当たったんだ」と、
周りの、あとの人のほうは言っていたというようなことは、あったりはしたようで
すね。

「鬼神《きじん》」とは、どのような存在か

質問者Ａ　もう一つお伺《うかが》いしたいことがあります。
役小角様は「鬼神《きじん》」を使って、何か現象を起こされていたというふうにも遺《のこ》って
いるのですけれども、この鬼神の存在について教えていただけないでしょうか。

役小角　いや、ここも、いっぱい使ってるじゃないですか。

質問者Ａ　そうですか。

役小角　だから、もう、五百人以上使ってるじゃないですか、いろんなのを。

質問者A　支援霊《しえん》の方々ですか。

役小角　私だって、今、使われているんで、ええ。言われたら、言われたとおりにしてるわけだから。

もし、私が命令されて、「あなた（質問者A）を三日以内に呪い殺せ」と言われたら、三日以内に呪い殺せますよ。

質問者A　なるほど。

役小角　それは、鬼神を使えばそうなりますよね。

●支援霊の方々……　天上界には、500人以上からなる幸福の科学支援霊団が存在している。

あなた、もう毎晩、三日三晩寝《ね》られないで締《し》め上げられたら、それは死ぬでしょうよ、たぶんね。「役小角 対 あなた」だったら、たぶん、あなたは死ぬと思う。うん。

だから、鬼神を使おうと思えばそういうふうに使えるし、まあ、もうちょっと〝柔《やわ》らかい〟使い方もあります。恋《こい》の仲立ちをするとか、例えばね。あるいは、別れさせるとかね、そういうのもあるし、あるいは、ライバルを失脚《しっきゃく》させるとか、帝《みかど》を怒《おこ》らせるとかね、そういう使い方はあると思うんですよ。

そういう、タイミングを計って、インスピレーションを降ろして、人間関係を駄《だ》目《め》にする場合と、くっつける場合と、両方ありえるよね。

それは、「鬼神を使って、水汲《みずく》み、薪割《まきわ》りをやらせた」っていうのが本当かどうかっていえば、疑いはあろうけれども、こういうことは、例えば、「里の者が、そろそろ薪を持ってきてくれないかな」とかですねえ、こういうふうに思うと、持ってきてくれるんですよ。

質問者Ａ　そういうことですね。

役小角　そういう念波《ねんぱ》を発信したら、ちゃんと持ってきてくれる。そういう感じで、いろいろな物が集まるわけですね。まあ、そういうことはあるし。
大勢の人を集めたりする場合でも、やっぱり、いろんな霊を使ってやってることは多いですよねえ。

質問者Ａ　「鬼神」には、「鬼《おに》」という字が入っているのですけれども、鬼神とは、どういう存在なのでしょうか。

役小角　「鬼」っていうのは、昔の、漢字での「鬼」っていうのは、中国語でもそうですけど、「幽霊《ゆうれい》」のことなんですよ。

質問者Ａ　幽霊。

役小角　幽霊というか、「この世ではない、あの世の存在」のことを「鬼《き》」「鬼《おに》」というんですよ。まあ、それほど特別にあれということではないんですけどね。「神」っていうのは、いわゆる超能力《ちょうのうりょく》的なもの、存在というか、そういう力を持っているっていうことですよね。

質問者Ａ　かつて人間であったものが、亡《な》くなって……。

役小角　うーん、だから、普通《ふつう》に「鬼」といっても、日本だった場合は、角《つの》が生《は》えた鬼を考えるけれども、普通に鬼という場合は、「幽霊」のことを言うことが多くて。「あの世の存在」ですよね。

まあ、そういう、あの世にも、いろいろ、いろんなあの世があるので、ちょっと全部は……。まあ、それは、「天上界《てんじょうかい》のもの」も「地獄界《じごくかい》のもの」もありえるんですけどね。

価値判断として、その「鬼」というのを使う場合もあるけど、そうでなくて、一般的に、「あの世の霊存在」を言う場合もあります。

「不成仏霊《ふじょうぶつれい》」を使うのは難しいが、「死神《しにがみ》」は使うことができる

質問者A　しつこくて申し訳ないのですが、幽霊《ゆうれい》といいますと、「不成仏霊《ふじょうぶつ》」という解釈《かいしゃく》もできてしまいます。そういう霊たちを使っているという解釈でよろしいのでしょうか。

役小角　まあ、不成仏霊を使うのは難しいですが、もうちょっと使命を持ったものは使えないことはない。

例えば、「死神《しにがみ》」っていうのは、やっぱり〝職業〟としています。死神っていうのはいるので。

まあ、全部、手の内を明かしてはいけないのかもしれないけれども、いちおう、人それぞれ、あなたがたの「人生の計画表」と「チェックポイント」があることはあるので、死神がいちおう〝役所仕事〟はしてるんですよ。東京だったら都庁みたいな〝霊界《れいかい》都庁〟がやっぱりあることはあって、東京都民の「生涯《しょうがい》管理」をしているはいるんですよね。

そのときに、死神は、「彼（質問者C）のところへ行くかどうか」みたいなのをいちおう判断するようなことはある。だから、こういうのを使うことも、まあ、あるわけだね。そういう力を持っている役所……、役人ですけどね、これも一種の。そういうこともあるし。

うーん、まあ、死神以外に、その補助神《しん》がいっぱいいることはいるねえ。

質問者Ａ　それは全部、役小角様の弟子《でし》筋《すじ》に当たるんですか。

役小角　そんなことはないですよ。日本は大きいから、全部そうということはありません。そんなことはないです。たくさんたくさんいますから、そんなことは……。

質問者Ａ　では、「通じる人」と「通じない人」がいるということですか。

役小角　うん？

質問者Ａ　役小角様から通じる人と……。

役小角　まあ、ご縁《えん》がない人には関係ないですから。「私に縁があれば」ということですよね。

質問者A　なるほど。分かりました。ありがとうございます。

「断食《だんじき》」で念力《ねんりき》を鍛《きた》えることもできるが、餓鬼霊《がきれい》になる危険性もある

質問者B　今、お話を伺《うかが》っていますと、念のパワー、力、すなわち「念力《ねんりき》」というものを非常に強く感じました。

役小角　うん。

質問者B　役小角様は、葛城《かつらぎ》山脈とか生駒《いこま》山脈とか、そういう山々のなかに入られて修行され、「修験道《しゅげんどう》の開祖」となられました。

修行の方法として、私たちが聞くところによれば、イメージ的にですけれども、例えば、滝行《たきぎょう》で水に打たれるとか、山を駆《か》ける、千日回峰行《せんにちかいほうぎょう》の元祖のようなかたち

で、山林を走りながら呪文《じゅもん》を唱えたりとか、そうしたことがイメージされるのですが……。

役小角　断食《だんじき》とかね。

質問者B　はい、断食とか。

念力を鍛《きた》えるときに、どのように修行されたのか、また、そのポイント等がございましたら、お教えいただければ幸いです。

役小角　いやあ、人間は煩悩《ぼんのう》っていうのがあるから、まあ、知ってるでしょ？　六大煩悩っていうのは、みんなあるよね。これは一通り、みんな出てくるものだけど、これとの闘《たたか》いだよね。

本来なら人間として欲《ほ》しいものを、やっぱり、抑《おさ》える。

断食なんかだったら、「食べたいものを、自分の体から出てくる意志に逆《さか》らって断食をする」っていうのは、要するに、肉体に対して霊《れい》が抵抗《ていこう》しているのと同じことなので。ある意味では、霊と肉とが分かれてくるものではあるので、「意志の力」を強くすることができる。意志の力を強くすれば、それは、「念の力」も強くはなるよね。

だから、そういう修行ではあるし、水を断《た》つのでも、けっこう厳しいことだし。

また、確かに、山岳《さんがく》修行のなかには、まあ、今も千日回峰行とかをやっているようだけれども、「カロリー計算的には、絶対にもつはずがない」と言われているようですね。三十キロコース、七十キロコース、百キロコースとか歩いて、千日歩きますけれども、食べるのは、うどん程度のものしか食べないから、「カロリー的に見たら、それは、もたないはずだ」と言われているものを、やり遂《と》げていますよね。

だから、だんだんに、人間の普通の栄養摂取《せっしゅ》や代謝とは、ちょっと違《ちが》ったものが働き始める。

中東あたりでも、断食とか、まだ、いまだに残っていますけれども、ある意味で霊的になるチャンスではあるんですよね。

断食を、まあ、三日もしてみたら分かるけど、もう、それは、いろんな霊的な現象が起き始めます。普通、見えるはずのないものが見え始めたり、聞こえるはずのない声が聞こえ始めたり、幻《まぼろし》のような景色がいろいろ見えたりし始める。三日から一週間の間に、必ずそういうものは起きてくるので、そういう意味で、霊体験を生きながらにするには、わりあい簡単な方法の一つではあるよね。

中東の人たちが断食月《づき》とか、週末とかに一日、断食したりするのは、神様に祈《いの》って、霊的な何かを得ようとしているんだろうと思うけどね。

要するに、本能？　「本能ないし肉体的な煩悩に抗《あらが》うようなことをやることで、霊力を強くする」っていう方法だわな。

これが極端《きょくたん》まで行くと、ちょっと厳しくなりすぎる面もあるのかなあとは思うけど、まあ、釈尊《しゃくそん》なんかは、中道《ちゅうどう》に入《はい》ったから、ほどほどのところでやって、完全にこの世的なものを否定しないで、よりよく生きる方法を選んだんだろうけれども。仏教ではない、ジャイナ教なんかは、やっぱり、「五穀《ごこく》を断って、水を断って、最期《さいご》はそのままミイラになって死んでしまう」みたいなところまで行ったものもあるし、それが聖者だといわれているようなものもある。まあ、ガンジーなんかが信じてた宗教だよなあ。

確かに、聖者も出てきているから、まあ、そういうこともありえるけれども、間違えば、それは「餓鬼《がき》霊」になってねえ、地獄へ行ってる者も当然いるよね。だから、このへん、難しいところだわなあ。

憑《つ》いている悪魔《あくま》が強い場合、邪霊祓《じゃれいばら》いで逆にやられることもある

質問者B　強い念を放出するときは、何か、強くウーッと集中して念力を絞《しぼ》り出すように固めていくような感じなのか、レーザー光線のようにピーッと念《おも》いを集中するのか、何かイメージングするのか。われわれ現代人には、「念を強くする」とい

うことはどんなことなのか、よく分からないところがあるのですが、役小角様から見て、「強い念を発するとき」というのは、どのような感じなのでしょうか。

役小角　君なんかは、もう古株になってるから、邪霊祓《じゃれいばら》いみたいなのをやってくれとか言われたりして、「エル・カンターレ ファイト」を切ったりすると思うんだけどさ。まあ、（邪霊が）飛んでる場合もあり、飛んでない場合もあるわな。

質問者B　はあ。

役小角　飛んでない場合は、君の心のなかに、まだ逃《に》げがあるからなあ。まだ本職じゃないっていうか。「百発百中」にならなきゃ、「本職じゃ、本当はない」わな。だけど、まだ逃げがあるし、相手も分からないし、飛んだか飛んでないか。なあ？　気分だけの問題であることもあるわな。だから、そのへんだわなあ。

●エル・カンターレ ファイト　幸福の科学における悪霊撃退、悪魔祓《ばら》いの修法《しゅうほう》のこと。

大川隆法　なら、それが飛んだか飛んでないか、はっきり分かるけど、君なんか本当は、やっても、飛んだか飛んでないかよく分からないだろ？

質問者Ｂ　分からないです。一生懸命《いっしょうけんめい》やるというだけが……。

役小角　だから、相手が、「なんか、気持ちよくなった」とか、「軽くなった」って言えば、飛んだかなあと思うことになってるけど、実際は、まあ、「五分五分《ごぶごぶ》」だわな。飛んでないものもあるし。

実際、それを飛ばすのに、普通の場合は、相手の心のなかにある、何て言うか、「しがらみ」みたいなのを、これをね、揉《も》みほぐして解いて、心の悩《なや》みを解いた上で光を入れれば飛びますけど。この「しがらみ」が解けてないままに、パンッと力だけでやろうとしても、そうとう……。それは力が上の場合は一瞬《いっしゅん》で、すっ飛びますけど、横綱《よこづな》にぶつかったら一発で飛んでしまうようになることもあるけど、力がそんなに変わらない場合は、そう簡単にはいかないこともあるし、逆にやられる場合もありますね。

向こうに憑《つ》いてる悪魔《あくま》が強すぎて、「飛ばそうと思ったら、自分のほうに来ちゃった」っていうこともあって、夜も眠《ねむ》れなくなって、苦しめられるっていうことだって、やってるうちには、そういうこともあります。うん。

いやあ、修行がどこまで進めばどこまでやれるかって、これはもう、個人個人の悟《さと》りの問題なんで。

だから、そういう、はっきりした物差しがないんだよね。はっきりと測《はか》れる物差しがないんで、まあ、難しい。

だから、あなたあたりだったら、やっぱり、飛ばせない悪魔は、まだいると思いますよ。うぬぼれの心が出てきたら、そういうのにやられることはある。まあ、普通の人の不成仏霊ぐらいなら飛ぶかもしれないけれども、悪魔が出てき始めて、そのレベルが上がってき始めたら、飛ばせないものもあるわなあ。

だから、このへんが、本当は「自分を知る」ということではあるんだけどねえ。

念力《ねんりき》を鍛《きた》えるには、「この世的なこと」を捨象《しゃしょう》すること

質問者B　「自分を知りながら念力《ねんりき》を鍛《きた》えていく」というのは、どのような感覚なのでしょうか。

役小角　この世的なところをね、捨象《しゃしょう》していかないといかんわけよ。

質問者B　「捨てる」ということですか。

役小角　うん、捨てなきゃいけないけど、この世的なこと……。まあ、八割はそうだろ？　やっぱり、この世的だろ？

質問者B　はい。

役小角　「この世的でない」と自分で思えるのは、二割もあればいいほうだろ。まあ、そんなもんだよ。

だから、仙人《せんにん》にはなれないの。山のなかで修行してる仙人みたいにはなれない。これは、生活をすごくシンプルにして、この世への執着《しゅうちゃく》を極限まで捨てていく生活なので。街で普通に生活して、「さあ、晩御飯《ばんごはん》は何にしようかな」とか考えているうちは、まあ、無理ですよ。

質問者B　では、もし、現代人に霊的なパワーを強くするようアドバイスをするとしたら、「執着を断て」と言うほうが早いのでしょうか。

役小角　いや、まあ、それは、「プロフェッショナルになるつもりがあるかどうか」

っていうことが一つだし。そういう意志があるかどうかが一つだし。

もう一つは、でも、「才能の問題」は、やっぱりあるので。

質問者B　才能ですか。

役小角　うん。「自分がどの程度の才能を持っているか悟れ」っていうのは、かなり厳しいことだよな。

甲子園《こうしえん》野球にはみんな出たいとは思うが、甲子園野球に出て優勝するチームもあるけど、プロとしてやって残れる人っていうのは、やっぱり一人か二人いて、それもまた消えてしまう。プロになったら消えちゃうことはあるわな。

だから、このへんは、なかなか……、「自分を知る」っていうことは、最終的な問題で難しいです。

「反省」をせずに霊力《れいりょく》だけつけようとすると、道を間違《まちが》う

質問者C　よろしいでしょうか。

役小角　うん。

質問者C　本日はありがとうございます。

先ほど、「第七感」のお話がありましたが、今の、「執着を断って、霊的《れいてき》な自分をつかみ、霊的な修行に入らないといけない」というお話にも関連すると思います。執着を断ち、霊的な自覚を深めていくためには、現代的には、仏教で言う「反省行《ぎょう》」を中心に取り組んでいけばよいのでしょうか。

役小角　まあ、基本はそうだね。基本というか、うーん……。それをやってなけれ

ば、反省をやらずに霊力だけつけようとすると、ちょっと間違《まちが》ったものというか、違ったものに……。

別の欲だよね。別の欲望、要するに、「超能力願望」に取り憑かれると、それは、魔界のものや地獄界のものでも、協力できるものがないわけではないんで。

そうした「超能力願望」の隙《すき》に入り込《こ》んで、本人に、ちょっと普通でない現象を見せたりすると、信じ込んでしまって。自分に対して甘《あま》い人は信じ込んでしまうし、ほかの人もそれを見て、「うわっ！　すごいな」と思ったりしてやっているうちに、だんだんにおかしくなっていく。人格が崩壊《ほうかい》してきたり、奇人《きじん》・変人的な行動が多くなったりしてくる。

まあ、ほかの人が見ていたら分かるけどね。だんだんおかしくなってくる感じがね。

だから、それをしないのが……、おたくで出してる『漏《ろ》尽通力《じんつうりき》』みたいな本で出てるように、「真っ当な霊能を持

『漏尽通力』（幸福の科学出版刊）

ちながら、真っ当に、この世で正常な人間と同じ感覚も維持《いじ》できるような生き方」っていうのは、なかなか簡単なことではありません。簡単ではないです。

でも、いちおう、その基本はね、やっぱり、入り口に「反省」をして、単なる「瞑想《めいそう》」に入らないんですよ。いきなり瞑想に入っても、〝雲〟がいっぱいかかってるから、頭にね。それが付いたままで瞑想していても、違うところに連れていかれることが多いから。

まずは、「自己反省的なもの」から入っていって、「錆落《さびお》とし」から入っていって、それから必要な瞑想に入っていくと、そんなに迷わされないで済むことはあるわなあ。

だから、反省は大事ですよ。

質問者C　ありがとうございました。

4 呪術《じゅじゅつ》の世界にもある「善悪」の観点

SNS等で悪口を言われたときの対処法について

質問者C　少し話が飛ぶのですが、今、学生などの若い方々は、学校の成績や受験、あるいは恋愛《れんあい》など、いわゆる競争社会のなかに身を置いていることが多くございます。また、最近では、インターネットやSNS上で悪口を言ったりして、〝呪《のろ》いの文化〟が浸透《しんとう》してきている傾向《けいこう》もございます。

そうしたなかで、若い人たちが「呪う側にならない」、あるいは「呪われたときにどう対処していくか」について、若いうちから心掛《こころが》けておくべきポイントがありましたら、お教えいただければ幸いです。

役小角　うーん……。まあ、同じ土俵《どひょう》に立てば、「呪いに対して呪いを返す」っていう方法もありますね。だから、「悪口を言われたら、悪口を言い返す」っていう。それは同じ土俵ですけどね。

それでも、まあ、効果はゼロではないですよね。「おまえ、勉強できないだろう。バカ」と言われたら、「何を言ってるんだ。おまえだってできないじゃないか。バカ」と言い返したら、いちおう〝チャラパー〟というか、消えることは消えるわね。だけど、「おまえ、勉強できないじゃないか、バカ」って言われて、そのまま聞いてへこんだら、受けちゃうよね。持って帰る。

本当は勉強ができる人なのに、あるときにテストで悪い成績を取って、「ああー！　こんな悪い成績を取ってる。ワアーッ」とみんなに笑われて。笑ってる人たちは、必ずしも成績がいいわけではないんだけど、いつもいい人が悪いのを取ったら、それを笑って、からかったりする。すると、すごくこたえてしまって。優等生であるもんだから、こたえてしまって、その呪いを受けちゃうことはあるけど。

もうちょっと人柄《ひとがら》が悪くて、「何だ。おまえだって、いつも取ってる成績はもっとひどいじゃないか」と言い返すことができれば、いちおう消えることは消える。ただ、そんなに宗教的に優《すぐ》れた態度ではなかろうね。

「憎《にく》しみに対して愛をもって接する」のは宗教的な境地

役小角　宗教的に優れた態度としては、まあ、これも、この世においてはとてもとても難しいことではあるけれども、「憎《にく》しみに対するに、愛をもってせよ」っていう考えだわなあ。「相手の憎しみの言葉に対して、愛の言葉でもって応酬《おうしゅう》する」っていうのは、これは優《すぐ》れた宗教者の態度だね。

例えば、「おまえはすごく成績が悪い。Ｅ判定じゃないか」と。なあ？　君たちの映画であっただろう。そういう自殺した女子高生のなあ。一流大学にＥ判定が出た。

質問者B　そういうシーンがありましたね。

役小角　ね？　それで自殺するっていうのがあったよね。言われて、そのままこたえて。呪いを受けて、そのまま死んでるような。

死んでから、今度は呪い返しで取り憑《つ》いて、いろんな人を脅《おど》したりしてるんでしょう。それは、ちょっと、まあ、勉強は本当はできたのかもしれないが、人間として賢《かしこ》くはないわな、はっきり言えばな。

だから、やり方は、先ほど言ったように「言い返す」っていう手も、この世的には、ある程度、打ち消しはありうるんだけれども。

SNSとかで言われても、こっちも逆のことを発信すればいいわけで。

こんなの、アメリカのトランプ大統領がいつもやってるようなことだわなあ。批判されたら、「そこもフェイクニュースだ！」って言ったら、向こうはそうとうこたえるよね。「フェイクニュース、フェイクニュース！」って、やるたびに言われたら、これを十回も二十回も言われたら、やっぱり、「うちはフェイクニュースかなあ」とか、みんな思い始める。「ほかの人にそう思われるんじゃないか」と思って、だんだん、書くときにすごく用心して腰《こし》が引けてくるよね。

そういう、「単に言い返す」っていう呪い返しは、できないことはない。

ただ、リンカンみたいに、「憎しみに対して愛をもって接する」っていうのもあるからなあ。

例えば、北軍と南軍が戦っても、南軍が憎くて戦ってるわけじゃないと。同じアメリカ人であると。祖国を統一して平等な社会をつくるためには、この戦いには勝たねばならないけれども、憎いわけではなく、向こうの指導者が立派な場合は、それをちゃんとほめ称《たた》える心も持っている。しかし、国の統一と、さらなる発展・繁《はん》栄《えい》を願ってるっていう気持ちだよな。

こういう気持ちは、たぶん、「宗教的な境地」ではあろうけれども、凡人《ぼんじん》にはできない。普通《ふつう》はできない。

自分の悪口を言う人をほめたり、あるいは、その人の言ってることのなかから、当たってるものを一部受け入れて、それについては反省して、当たってないものについては受け流し、あるいは、柔《やわ》らかく遠回しに相手に注意を与《あた》えるみたいな、そういう〝高度な人間術〟っていうのは、そう簡単に普通の人ができるものではないわなあ。

仏教や道教、陰陽師《おんみょうじ》ともつながりのある役小角

質問者A　お話を伺《うかが》っていて、「善悪」というものがあるのだなということが……。

役小角　あるんだよ。「ない」わけではないんだ。あるんだよ。

質問者A　今、感動しているのですけれども。

役小角　あるんだよ。感動してください。

質問者Ａ　ただ、やはり、「呪術《じゅじゅつ》」と聞くと、「病気治し」のようなよいものと、「人を呪って殺す」といった悪いものとが混在しているように思いがちです。

今のお話を伺っていると、「善悪」があるように思うのですが、役小角様のなかの善悪というものは、どうなっているのでしょうか。

役小角　いちおう、あなたね、日本の宗教界では〝源泉《げんせん》の一つ〟なんでね。それがそんなに狂《くる》っていたら、やっぱり恥《は》ずかしいことですし。

私も、日本以外でも指導はしてきているからね。インド・ヨーガ霊界《れいかい》にもいたし、中国の仙人界《せんにんかい》でもやったこともあるし。

釈尊《しゃくそん》が出家《しゅっけ》して、成道《じょうどう》まで六年間修行《しゅぎょう》したときには、先生が二人ついてた。ねえ？　アーラーラ・カーラーマ仙とウッダカ・ラーマ仙についてるけれども、まあ、アーラーラ・カーラーマと呼ばれた者も、過去世《かこぜ》のなかには存在してるわけだから。まあ、別に「仏教」と完全に離《はな》れているわけではなくて、半分ぐらいは重なってはいるし、仏教以外のものにも、中国では「道教のほうの源泉」ともつながっているし。まあ、ほかのほうの宗教も関係はある。

日本だって、その後の……、まあ、あなたがたも陰陽師《おんみょうじ》は比較《ひかく》的いいものとして受け入れてはいるけれども、陰陽師だって、「悪の陰陽師」と「善の陰陽師」は、ないわけではないんでね。その仕事によってはね、あるわけだけれども、「陰陽師の源流」でもあるわけで、私も賀茂家《かもけ》の先祖の一人なので。だから、陰陽師の指導もしてはいるので。

ただね、その仕事がいい仕事かどうかは、それは、多くの人が決めることだし、後《のち》の世の人が決めるべきことだからねえ。

だから、私が起こした神変《じんぺん》みたいなのを、これをそのままに捉《とら》えたらねえ、これは、もう、釈迦《しゃか》かキリストかモーセかっていうぐらいの神変は起こしているわけだけど、まあ、後世の感動がそれほどなかったっていうところが、若干《じゃっかん》、寂《さみ》しいところだわな。

質問者Ａ　そうしますと、やはり、当時の超能力者《ちょうのうりょくしゃ》のなかにも、「魔道《まどう》に堕《お》ちる」といいますか……。

修行《しゅぎょう》の途《と》中《ちゅう》で、「闘《たたか》わなくてはいけない欲」が出てくる

役小角　うん。あるよ。

質問者Ａ　自分の欲のままに悪を犯《おか》す場合があり、そういう者たちとは戦ったりしたのでしょうか。

役小角　うん。いや、修行者《しゅぎょうしゃ》のなかには、それは、何か目的を持ってやっている者

もいるんでねえ。

例えば、「天狗道《てんぐどう》」に堕ちる人なんかは、やっぱり、「名誉欲《めいよよく》」と、それから「色欲《しきよく》」は断《た》てないわね、まずね。天狗道に入った人たちは、勢いのいいところを見せて、地位を得たり、女性を得たりしようとするからねえ。

だから、修行するなかには、一部分の修行はできるんだけど、残るものはあるわけですよね。そのへんが厳しいわなあ。

だから、久米仙人《くめのせんにん》みたいなのも、空を飛んでたけど、女性が素足《すあし》を出して、大根《だいこん》と一緒《いっしょ》に足を洗っとったっていうので、大根足だったかどうか知らんけれども、空から落ちたとかいう、久米寺《くめでら》の伝説も遺《のこ》っとるわねえ。

だけども、あれは本質だわな。まあ、本当に空を飛んでたかどうかは、訊《き》いてみんと分からんけれども、そういう仙人修行をしていても、女性の素足を見ちゃったりしたら、川で足を洗ってるところとかを見ちゃったりしたら、やっぱり、欲望が芽生《めば》えれば、そこから転落するっていうことは当たり前のことだろうね、おそらくね。

だから、修行の途中《とちゅう》で、幾《いく》つかの欲望と闘《たたか》わなくてはいけない。欲望は、さっき言った「六大煩悩《ぼんのう》」が中心だけども、もっと細《こま》かく言えば、仏教では、六十二ぐらいは、いろんなものの見方の間違《まちが》いが言われてるぐらいだからねえ。細かく言うと、ほかの引っ掛かるもの、〝小骨《こぼね》〟はたくさんあるわけよ。

そこをどこまで抜《ぬ》け出していけるかは、難しいところはあるわねえ。

私だって、こう書かれているように、実の母親を生け捕《ど》りにされて、やっぱり、「肉親の情」断ちがたく。いちおう、自分自身だったら、天皇の送った軍隊とでも戦えるぐらいの力は持っておったけれども、実の母親を捕らえられて牢屋《ろうや》に入れられたら、「母の首を斬《き》るぞ」と脅されたら、しかたなく投降して捕《つか》まっているわけで、流されていますからねえ。

これは、「肉親の情」が、私にも断てない部分はあったということだろうね。同じように言えば、宗教家をやってても、「家族の問題」は出てくるわな。「肉親に対しては、ほかの人と平等にしよう」としたって情はあるから、やっぱり、切れないわなあ。だから、甘《あま》くなる。肉親の犯した悪にも甘くなるし、善というか成功に対しても、ちょっと多めに評価したくなる。そういう目こぼしは効いてくるよな。そういうところがあれば、例えば、すごく愛しすぎている息子《むすこ》とかね、子供とかがいたら、そこを狙《ねら》われて。その人がそれだけの実力を持ってない場合、あるいは客観的な力を持ってない場合、要するに、「与えられすぎている」っていうことだよな。名誉が過ぎる、権力が過ぎる、財力が過ぎる。あるいは、できすぎた奥《おく》さんをもらっている。

まあ、いろいろあるけれども、こういうようなときに、魔が差し込《こ》んで転落するっていうことはあるわな。

「正義感の強い人」が、鬼《おに》になる場合と閻魔《えんま》様になる場合の違《ちが》いとは

質問者B　今の質問へのお答えで、善悪などについての新たな見識が得られました。

私は、役小角様の修験道《しゅげんどう》というものを、天狗道などがミックスした世界のようなかたちと思い、善悪がないと理解しておりました。失礼いたしました。ところで、日本の霊界のなかには、「天狗」や「仙人」、または「鬼《おに》」「妖怪《ようかい》」「妖狐《ようこ》」「龍《りゅう》」などがさまざまにいますけれども、山岳《さんがく》修行をしていると、おそらく住処《すみか》というか、生息地が似てくるとは思うのです。

そうしたものたちへ指導しているとか、そういうことはあるのでしょうか。このあたりの秘密につきまして、現状ではどうなっているのか、何かヒントを頂ければありがたいと思います。

役小角　「修行をしているうちに、弱みが残ってしまってる人」、あるいは、「修行をしているうちに、自分の強みに引かれて、それをもっと強くしたいと思う人」とかがあってね、その「弱みの部分」と「強みの部分」との兼《か》ね合いによって、いろんな〝色彩《しきさい》〟がついてくるっていうことだよね。

だから、「正義感が強い人」でもね、修行を積んでるうちに、だんだん、今度は「鬼」みたいになってしまう場合もあるわけだよね。

例えば、検事、検察官みたいなのをやって正義感が強くても、正義感が強すぎて、人を断罪することを修行しすぎた場合とかは、「人を見たら犯人と思え」みたいな気持ちにだんだんなってくる場合もある。

こういうタイプの人が、例えば、修行をしてても、この世のときの気持ちを完全に捨て去ることができなかったら、「悪人だと思ったら、相手を呪殺《じゅさつ》してしまう」っていうような仕事をしてしまうこともあるわけね。だから、これは外見から見れば、鬼みたいになってるわけだよね。

その鬼みたいに、外見から見たら人を霊として呪殺するような〝呪殺霊〟になってる場合もあるけれども、これが、もうちょっとバランスを取って、「その人の善悪の両方を見て判断しよう」というふうな気持ちになってきたら、裁判官的になってくるので。

こうすると、鬼じゃなくて閻魔《えんま》大王みたいな、閻魔様のほうに仕事が変わってくると。まあ、こういうふうな感じになるわけだね。

例えば、今、「正義感」というのをテーマに挙げたけどもね。

霊的《れいてき》な修行《しゅぎょう》は、自分の長所・短所を見ながらする必要がある

役小角　まあ、そうだねえ。例えば、「男女のカップルをつくる」というような、そんなことで仕事をしてるような人もいて、「愛に関心がある」っていうような人もいる。

こういう人たちが、そういう山岳修行《しゅぎょう》をして、六根清浄《ろっこんしょうじょう》を目指してやってるとして、ある程度、霊的《れいてき》な目が開《ひら》けて、霊の声が聞こえて、ちょっと霊感が働くようになるような感じで、「この人とこの人は縁《えん》がある」とかいう感じで結びつけるような能力がアップしてくることもある。

まあ、それが善意の範囲《はんい》でとどまっているうちはいいけれども、それが能力を超《こ》

えて、例えば、結婚《けっこん》会社みたいなのを大きくしてね、そして、金儲《かねもう》けして、「もっと、もっと」っていうお金の欲のほうのところが、実は修行ができていなかったら、こちらのほうがちょっと度が過ぎると、だんだん紛《まが》い物が入ってき始める。

だから、もともとは、「いい人と結ばれて幸福な家庭がつくれますように」という動機で結婚相談所みたいなものをつくったとしても、金儲けのほうがだんだん目的になってくると、次第《しだい》しだいに仙人が高じて、コンピュータ判断みたいなのでくっつけて、血液型と生年月日と性別と学歴とか何とかとか、幾つか要素を入れてコンピュータにぶち込めば、「あなたに合う方はこの方です」みたいな、こう、勝手に出てくるみたいなので、それで手広く商売をやるような人もいるわなあ。

それでも、それで足りざるものがある場合には、若干《じゃっかん》、〝迷いの世界〟に引っ張っていかれることになるであろうね。

だから、こういうふうなところがあるんで、長所・短所の両方を見ながら霊的な修行をしなければいけないところはあるかもしれないね。

天狗《てんぐ》的な魂《たましい》の傾向《けいこう》性は、何転生《てんしょう》かするなかで出てくるもの

質問者B　天狗《てんぐ》の方々は、山岳のほうにたくさんいらっしゃいますが、役小角様はその方々には何かご指導をされているのですか。直接はされていないのでしょうか。いろいろな天狗の霊場《れいじょう》がたくさんあって、筑波《つくば》などもありますし、箱根《はこね》や出羽三山《でわさんざん》もあるでしょうし、徳島のほうにも剣山《つるぎさん》などがあると思うのですけれども。

役小角　うーん、まあ、魂の傾向《けいこう》なんでねえ。天狗は一回でなれるようなものではないんだけどね。

質問者B　一回の転生《てんしょう》ではなれないのですか。

役小角　うーん。何度か生まれてそういう傾向性が出てこないと、なかなかなれる

ものではないんですけどねえ。

質問者B　天狗になるにも力が要《い》るのですか。

役小角　天狗はすぐにはなれないよ。やっぱり、過去で地位のある立場に生まれたり、民衆等を扱《あつか》ったり、税金を取ったり、いろいろしたような、まあ、カーストで言えば、上のカーストで生まれたことがあるような人だね。そういう、一人で百人分、千人分の力を持っているっていうふうな立場に立った経験があるような人が入りやすいパターンではあるんだけどね。だけど、うーん……、天狗は簡単ではない。

修行は積んでるんだけどね。例えば、筑波山なんかで修行してるっていうのは有名ではあるけど、修行を積むには理由があって、まあ、何百年かに一回、争乱が起きるからね。天下をめぐっての争乱が必ず……、まあ、百年、二百年、三百年のうちには、たいてい幕府が倒《たお》れたり、ねえ？　そういうことが起きるんで。そんなときに力を発揮するために、修行をしているようなところがあるわけだよね。だから、日本なんかで言えば、王朝が変わるときとかに天狗がいっぱい出てきて戦っていますけどね。

まあ、彼らは彼らなりに、それは大変なんだろうとは思うがな。だけど、天下をよいほうに変えようと思っている人もいるんだけれども、やっているうちにだんだん自分の力を過信し始めると、堕落《だらく》することもあるんで。だから、天狗道のなかでも、やっぱり魔が差し込んでくることはあるわねえ。

だから、「地位」と関係があるんですよ、天狗は。「地位」や「名誉」とすごく関係があるんで。

それは、この世的に言えば、「自己実現欲」を持っている人は天狗になりやすい面はあるが、自己実現すること自体は、この世に生まれた以上、修行しているつもりでもあるし、いいことのようにも思えるわな。

だけど、結局、それが「自己愛」にとどまらないで、「利他《りた》の愛」に変わっているかどうかということだよね。多くの人に支持されているようなものになっておれば、そんな極端《きょくたん》な意味での天狗ではなくて、どっちかといえば、いわゆる、徳のある君主、君子になってくるんだけれども、まあ、どうしても〝えぐれて〟きてね、えこひいきが出てきたりもするわけだよね。

だから、身分制の考えが深く入っていたり、現代であれば、学歴信仰《しんこう》みたいなのが強くあって、一流大学信仰や医学部信仰とか、そういうものが強く入ってくる場合もあるし、なかなか、どの時代も厳しい修行はあるわなあ。だから、ある程度、天狗道で上がっても、最後は撃《う》ち落とされるっていうことはあるわな。

最近では、田中角栄《たなかかくえい》なんかもその口だわなあ。天狗としては、かなり大きい天狗の一つではあるんだけれども、やっぱり、「高転《たかころ》びする」っていうことだよね、最後にな。

ただ、「その人の人生が、善が多いかどうか」っていうことで判断されることはあるわなあ。

まあ、なかなか人間は完璧《かんぺき》にはいかないものなんだよ。うーん。

天狗《てんぐ》は戦いには強いが、人間関係力が足りずに「高転《たかころ》び」する

質問者B　時代を変えたり、争乱や何百年に一回の大きな戦いの趨勢《すうせい》を決めたりするような力をつけるために、力を磨《みが》いているところもあるということで、非常に大きな見識を得られました。

役小角　そうそう。だから、源義経《みなもとのよしつね》みたいのだって天狗《てんぐ》だよ。やっぱり、天狗。鞍馬山《くらまやま》の天狗だけど、あれだって、霊力を蓄《たくわ》えるのに何百年かかかるわけですけど。

それで戦《いくさ》で勝つには、それは霊能力があるんだよ、やっぱりね。そういう「戦略《せんりゃく》眼《がん》」っていうのも、一種の「天狗の遠眼鏡《とおめがね》」なんだよ。

質問者B　ああ！　戦略眼。

役小角　うん。戦略眼があって未来が読めるから、ここから奇襲《きしゅう》をかければ勝てるとか、鵯越《ひよどりごえ》で奇襲をかければ、敵が逃《に》げ惑《まど》う姿が視《み》えちゃうわけね。そしたら、三十騎《き》ぐらいで駆《か》け下りても、万の単位の敵軍が、夜中に火をかけられたら逃げ惑うことが起きる。

屋島《やしま》の戦いみたいなのでも、嵐《あらし》の夜をついて徳島の勝浦《かつうら》に辿《たど》り着いて、そこから海岸伝いに攻《せ》め上《のぼ》って、徳島から高松《たかまつ》に攻め上がって地元の豪族《ごうぞく》を味方にして後ろから襲《おそ》えば、平家《へいけ》は海から来るものだと思って海防ばっかり一生懸命《いっしょうけんめい》してるから、後ろから陸で攻めてくるとは思ってもいなかったっていうので、やられてしまう。

こんなの「千里眼《せんりがん》」だよ。だから、「天狗の千里眼」なんだよ。で、勝てる。

ただ、悲しいかな、そういう〝マシン的な力〟はあるんだけれども、人間関係力に足りないものがあるので。

都《みやこ》で、京都で、ね？　朝廷《ちょうてい》に操《あやつ》られて、そこから地位をもらったりして、兄である頼朝《よりとも》よりも早く官位を、官職をもらったりすれば、当然、嫉妬《しっと》を受けるよな。向こうはそれを知ってるんで。朝廷のほうは、弟のほうに位《くらい》をやったりすれば、兄が嫉妬して必ず仲間割れするっていうのを知っててやってるんだけど、頭がそこまで回らないために、ありがたく頂いてしまったりして、兄に嫉妬されて、だんだん追い詰《つ》められて、奥州《おうしゅう》で最後は殺されることになるんだけど。

こういう、この世のすべての動きが分からないので、「戦いだけ」みたいのには戦略眼があって遠眼鏡で視えるんだけど、「人間の嫉妬」とか、そういう感情の関係が見えないために敗れる。だから、「高転《たかころ》び」するわけね。そういうふうになるわけさ。

だから、何かが突出《とっしゅつ》すると、何か欠けるものがあるし、突出した面があるからうぬぼれて、見えないところがある。ほかの人間がどう考えるかが見えないところがあって、みんながついてきてくれるものだと思ってたら……。戦の世では、強ければついいて、使えるうちは使ってくれるが、戦が終わったら、それが殺されるときだわな。

それは、韓信《かんしん》なんかも同じだろうけど。戦が強いときは使ってくれるけど、戦が終わって天下統一したら、殺される運命にあるわなあ。

このへんが難しいところだな。天狗がやられるのは、いつもこういうパターンが多いわな。敵がいるうちは使ってくれる。だけど、敵がなくなったときは殺される。で、転ぶな。まあ、そういうことだねえ。

5　役小角の考える宗教と政治の関係

「何のために修行《しゅぎょう》をしているのか」という「発心《ほっしん》」の部分が大事

質問者C　やはり、「人の心が分かる」とか、「共感力」が大事であると思ったのですが、呪術修行《じゅじゅつしゅぎょう》において、そのあたりの共感力を高めるためのコツやポイント、心《こころ》掛《が》けなどを役小角様から教えていただければ幸いに存じます。

役小角　やっぱり、「発心《ほっしん》」のところが大事なんじゃないかね。「何のために自分は苦しい修行をしようとしているのか」っていうところだよね。

だから、そんなに、全体的な、完全な人間になろうと思って修行をしている人は数が少なくてね。

修行するのでも、例えば、剣《けん》の修行をするっていうのでも、父の仇討《あだう》ちをしたいとかね。道場をやってたけれども、他流試合を申し込《こ》まれて父親が殺されてしまったと。何とかして仇討ちをしたいと。しかし、自分の腕《うで》ではまだ勝てそうにないということで、山岳《さんがく》に修行して、霊験《れいけん》あらたかな何かを頂いて、そういう、いわゆる超能力《ちょうのうりょく》を多少頂いて勝とうとかですね、もう、そんな考えでやるぐらいのレベルの人が多いことは多いわけだね。

あるいは、この世において、例えば、家庭運営に失敗して、人生を立て直したいけれども、次の道がまだ見えないと。その間《あいだ》、とりあえず修行をしてみようかとか、こういうような方も多いね。

だから、この世において失敗していて、何かしようとしたり、力足りざるを知って何かプラスアルファを求めてきてるようなのがいて、「人生の目的としての悟《さと》り」を求めている人は、そう数は多くない。

だから、何かの目的性があって来るはずで。まあ、それは、そういう山岳修行だけ言えば厳しいけれども、お堂に籠《こ》もったりするようなことは、もうちょっとレベル的には下がるけど、やってる人は多いわね。百日籠もるとか、あるいは、御百度《おひゃくど》参《まい》りみたいなので神社に百日通うとか、その程度のものはするわな。

あるいは、冷たい水を浴びるとかね、そんなようなことをする人はいると思う。レベルはちょっといろいろあるけどね。あるいは、願掛《がんか》けして、髪《かみ》を切らないとかね、髭《ひげ》を剃《そ》らないとかね、そういうのもあるし、いろんな願掛けはあるとは思うんだけど。

まあ、その「発心《ほっしん》」の部分だよな。これが大事だよな。何によって、何のために修行をしようとしているのかっていうところだわな。

日本を「霊的《れいてき》な国家」にすることを目指していた役小角

質問者A　その意味合いで、役小角様は何のために修行をされていたのでしょうか。

役小角　うーん。まあ、いちおう、日本を「霊的《れいてき》な国家」っていうか、「精神的な国家」にしようという目標は持ってはいたんだけどな。そういう意味での……。

まあ、日本は、もうちょっと古いことは古いけれども。私の出た時代は、そこまでは古くはないが、まあ、中興《ちゅうこう》の祖だろうな。中興の祖的に「霊的な国」としての高みをつくることを目的にしてはいたんだけど、この世の権力がだいぶ強くなっていてね。この世のほうの力が、かなり強くなっていたっていうことで。

今も、民主主義下で唯物論《ゆいぶつろん》とくっつくと、宗教的パワーがなかなか通用しない、使えないっていうところはあると思うんだけど、私の時代でもう、六〇〇年代から七〇〇年に入るぐらいの時代ですら、この世の力がけっこう強くて、朝廷《ちょうてい》や貴族の力から武士の力、あるいは徴税《ちょうぜい》権、こんなものもけっこう強くなって、まあ、官僚《かんりょう》制もうつくられつつ、できてきてはいたし、軍隊も持ってはいたからね。

だから、「超能力だけで、そうした権力者と対抗《たいこう》できるか」っていったら、限界はあったということだろうね。

霊的な国家にしたかったけど、完全に、そういう神仏や、それに近い人に帰依《きえ》するというよりは、やっぱり、帝《みかど》の権力を固めるとかね。

それについている大臣が自分の実権を維持《いじ》するのに、「葛城山《かつらぎさん》の役小角というやつが民衆を惑《まど》わしている」とかいう、まあ、例えば、そういうことだよ。民衆は神様代わりに役小角の言葉を聞いて、「税金をこれだけかけようとしているけど、こんなことは本当にいいんでしょうか」というようなことを言ってきて、「『それは、民《たみ》を苦しめすぎていて、神の心としてはよくない』と言っている」というようなことを、例えば言うと、それは、朝廷のほうからは「役小角を引っ捕《と》らえて来い！」と、まあ、こういうのが出てきて、軍隊が来るわなあ。

だから、この世的な価値観のほうが勝ちつつあったのは、私の時代にもそういうことであって。

今、あなたがたが宗教法人のなかで、宗教としての活動の自由は与《あた》えられているが、例えば、政治のほうに手を出したりすると、それは、実際の政治家、役人、マスコミ、学者等の既成《きせい》の権力を持っている人たちは、宗教が政治権力を持たないように、あの手この手でいろいろと、たぶん邪魔《じゃま》はしてくるだろうなあ。だから、まあ、それと似たようなものはあったということさ。

彼らを折伏《しゃくぶく》するだけのトータルな力を持てるかどうかというところで言えば、例えば、もうちょっと弟子《でし》とかを組織化して強くして、一定の、こちらも組織を持ってですねえ、対抗できるぐらいの力をつくらなければいけないんだけれども。

まあ、それはそれで、ちょっと能力的に別のものがあってね、山岳修行をする者にとっては、ああいう組織化をするというのは、なかなか難しいことで。そうすればしたでまた、何て言うかねえ……、組織化すると、山賊《さんぞく》か何かのように思われて。「山に穴居《けっきょ》して、朝廷に歯向かおうとして軍勢を集めてるんじゃないか」みたいなことを……。

そういう弟子をいっぱいつくって、村人を味方につけて、食料とか、薪《たきぎ》や水や着る物とか、いろいろ援助《えんじょ》してもらうということになるでしょ？　そういうふうに、力を蓄《たくわ》えることには反対だからね。だから、難しくなるね。

宗教が政治権力を持つことへの抵抗《ていこう》感が強い現代

役小角　今の宗教も、どれだけ組織化できるかということで、まあ、政治権力は発生するんだけれども、抵抗《ていこう》は、やっぱりあるだろうと思うんだよね。

非課税の部分がだいぶある宗教が、それで集めた人を使って、例えば、選挙運動をするというんだったら、「嫉妬《しっと》」がこれに働くからね。既成の政治家やマスコミからの嫉妬はそうとう働いてくるから、通さないようにするという。

政治家は、役所を通じてマスコミに、「この宗教の立候補者なんかには当選させないように。無視するように」という圧力はちゃんとかけてきている。現実にかかってるな、ずっとね。だから、泡沫《ほうまつ》候補扱《あつか》いに必ずするわけだね。

これに打ち勝つには、それは、アメリカのトランプさん張りの、マスコミを「フェイクニュース」と言って戦うぐらいの迫力《はくりょく》がないと、なかなか行くわけではないんだけれどもね。まあ、難しい。

あるいは、全体に宗教国家としての宗教性がすごく高まってきた場合、宗教を信じる人の率が七割とか来た場合は、ちょっと扱いが違《ちが》ってくることにはなるわなあ。まあ、それは、「宗教的な考えを持った人も政治家にいてくれないと困る」と、みんなが考えるようになるからな。

今の日本だと、まあ、二、三割程度だろうから。

政治が宗教にかかわる場合は、その票が欲《ほ》しいだけだからね。宗教にちょっと顔を出したりして、人気を取って、票をもらうという。宗教のほうは有名な人が顔を出してくれたというので、それをちょっと内部的に宣伝に使えると。まあ、そういうふうな感じで、今、共存しているのであって。

おたくもそうだと思うが、政党を立てて、独自にほかの政党と競争しようとなったら、マイナスのハンディがそうとうつくのは事実だわな。

孤独《こどく》なヒーローは、現実の民主主義の世界では受け入れられにくい

質問者B　世の中を変えるときに、「私憤《しふん》」と「公憤《こうふん》」というものがあると、大川隆法総裁先生からお教えいただいています。特に、公《おおやけ》の憤《いきどお》りとして、今の唯物的な社会は間違っているとか、中国の覇権《はけん》主義を止めるべきだとか、さまざまにございますが、それに打ち返していく必要があります。

役小角様の修行時代に、蔵王権現《ざおうごんげん》という、非常に形相《ぎょうそう》の恐《おそ》ろしい、激しい形相の権現様をお祀《まつ》りされていました。

そうした、気迫と申しますか、不動明王《ふどうみょうおう》ではないのですけれども、この強い憤怒《ふんぬ》の形相で、何か悪を調伏《ちょうぶく》していくような、そういう発想もあるのかと思いました。

公憤によって、本当に、世の中で善を推《お》し進めて悪を押《お》しとどめていくためには、どのような思いを持てばよいのでしょうか。

役小角　いやあ、難しいね。

いわゆる、現代でも映画の世界とかで好かれているヒーローたちは、孤独《こどく》に戦ってやってはおりますけれども、あくまでもフィクションの世界だよね。

フィクションの世界では、一人のヒーローが悪と戦って民衆を護《まも》ったりすることは成り立つが、現実の世界になりますと、やはり、少数の者がそれだけ大きな力を持つということは大変なことだよね。

警官隊やパトカーを敵に回しながら、自分の正義の思いを達成するなんていうのは簡単なことではないし、たとえ、本当は、「私腹を肥やしている大統領とか政府高官がいたから、それは悪だから個人的に制裁しよう」と思っても、法律的な手続きを踏《ふ》まずに個人的制裁みたいなことをやれば、時代錯誤《さくご》に見えるから、逆に、これまた司法から追われる立場にはなるだろうね。

そういう意味で、私たちみたいな山岳修行者的な超能力者は、どうしても少数志向になって、個人個人の修行になっていく傾向《けいこう》が大きいので、いわゆるヒーローにはなりやすいんだけれども、今みたいに人口が多くなった投票型民主主義の世界においては、勝てない可能性のほうが極《きわ》めて高くなってきてるよね。

「政治的リーダー」と「宗教的指導者」を兼《か》ねることの難しさ

役小角　今、もし、モーセのように、東京湾《わん》を真っ二つに割ったからといって、その人に国を全部任せるかといったら、それは難しいのではないだろうかね。むしろ、やっぱり、怖《こわ》いから捕縛《ほばく》して、地下牢《ろう》か何かに入れたくはなるでしょう。もし、その力を使って何かをされたら困るということになるから。事実上、そういう巨大《きょだい》超能力者は、まあ、〝ゴジラ扱い〟されてしまいますわね。まあ、そういうことがあるので難しい。

イエスの時代、二千年前の時代で、もうすでにそれが起きているわけで。それ以前のユダヤの伝統では、救世主というのは、もちろん、奇跡《きせき》を起こしたりして人の心を救ったり、貧しい人たちとか抑圧《よくあつ》された人たちを救うんだけれども、政治的にもリーダーでなければいけないわけで。「地上の王であり、かつまた宗教的指導者である」というのが、ユダヤの「メシア」の定義だよね。

イエスの時代にその両方を兼《か》ねることは、かなり難しくなっていたということ。地上の王になるためには、あのローマをどうするか。ローマ帝国《ていこく》の大軍が占領《せんりょう》して、植民地にされている。だから、当時の条件として、メシアであるなら、このローマ軍を追い出してユダヤの国を再建する。

今の香港《ホンコン》と一緒《いっしょ》ですよ。習近平《しゅうきんぺい》中国を追い返して、独自の香港を独立させる。宗教的にも政治的にも両方の才能を持ちながら、それができる人がいたら、古代の「メシア」と同じ扱いになるんですが、現実問題、十四億人の国民がいるところの専制の独裁者と、香港の雨傘《あまがさ》革命をやっているような連中、武器を持たない人たちが火炎瓶《かえんびん》だけで、完全武装をしている中国本土と戦って、政治的に勝てるかといったら、それは勝てるものではないですね。

だから、外国の加勢を呼び込もうとしているけれども、中国の法律によれば、ほかのところでもそうだろうけれども、外国の力を導入して国家の転覆《てんぷく》を図《はか》れば死罪ですよね。だから、「国が建てられるか、死刑《しけい》になるか」という戦いになって。二千年前のイエスでさえ死刑になっているわけですから、そんなに簡単ではないですよね。

大川隆法が分《ぶん》を守って、政治的な発言はしても、実際上の権力まで取ろうとしていなければ、迫害はそこまでは来ないだろうとは思うんですが。オピニオンを出すこと自体は、まあ、いいと思うが、実際に宗教界を統一して、さらに日本の国家権力も取りたいということになれば、おそらく、ヒットラー扱いされて迫害を受けるのは、ほぼ確実でしょうね。だから、そのへんの難しさはある。

大川隆法が直接やらずに弟子だけでやると、力が弱くて、負けて負けて、繰《く》り返しやって、泡沫候補という印象をつけられて、「宗教のほうも実際は弱いんじゃないか」という方向に持っていかれるようになる。

こういう難しさを、あなたがたは、今、持っているわけね。

昔の民衆みたいに、ワアーッと宗教についてきたりはしない。「死後の世界が百パーセントある」と思っている人たちだったら、宗教を選ばなければいけないけど、「ない」と思ってる人のほうが多いから、今は宗教にそれだけの力がないわけだよね。

6　呪《のろ》いに対して組織で戦うには

呪いによる被害《ひがい》に対しては、「攻撃《こうげき》型の宗教」をつくるのも一つ

質問者D　今、大きなお話も頂いたのですけれども、実際に、呪《のろ》いを受けて体のどこかが痛くなったり、生霊《いきりょう》の影響《えいきょう》を受けていると思うようなときに、具体的にはどういう対処の仕方があるのかということも、役小角様から少しお聞かせいただけないでしょうか。

現代において、お祓《はら》いですとか、自分に来ている呪い等を跳《は》ね返すための方法、心の持っていき方など、そういったものについては、何かアドバイスはございますでしょうか。

役小角　この宗教の場合は「霊言《れいげん》・霊示《れいじ》型の宗教」なので、非常に「受け身」ですよね。パッシブなので、外から来るものをいっぱい受けてしまう。霊的に来るものは受けてしまうので、そのなかには、自分たちに協力的なものばかりではないでしょうから、悪いものも入ってくるよね。そのときに、若干《じゃっかん》、やっぱり弱みが出るところはあるんだろうなと思うんですよ。

そういう宗教じゃないものもある。だから、「念力《ねんりき》型の宗教」の場合だったら、それほどパッシブじゃないから、「フォースによる戦い」に入っていくんだろうと思うけどね。

そうだねえ、まあ、これは宗教の特徴《とくちょう》だからしょうがないですけれども、あんまり、その呪いによる被害《ひがい》が出るっていうなら、それは、一つの方法を編み出すしかないでしょうね。「攻撃《こうげき》型の宗教」の方法を、多少つくらないといけないでしょうね。

「攻撃型の宗教」というのはどういうことを言うかというと、「罰《ばち》が当たる」とかいうようなことをよく言ってますよね。「地獄《じごく》に堕《お》ちるぞ」「罰が当たるぞ」みたいなことをよく言いますよね。

あと、戦闘《せんとう》的な宗教がありますね。太鼓《たいこ》を叩《たた》いて叩いて、だんだん戦意を高揚《こうよう》させて、みんなの集合想念を向けていくような宗教があると思いますけど、まあ、「戦いをする」というスタイルをすれば、それは、そうした呪いに対して、宗教としても集団的に戦うようにはできるけど、性格は少し変わることにはなりますよね。たいていの場合、両方はできなくて。山に籠《こ》もって修行《しゅぎょう》をしているようなところはパッシブだけれども、地上で何かを実現しようとしてやっているときには、もうちょっとアクティブな感じにならなければならない場合もありますよね。

だから、まあ、その宗教の性格の問題だと思うんですよ。

受け身なので、いろんなものも受けやすくなって、人間不信とか、他の人に対して疑心暗鬼《ぎしんあんき》で思っているようなものなら、もうちょっと「受け」ができるんですけど、やっぱり「受け」ができないで、そのまま打たれてしまう、あるいは刺《さ》されてしまうということですよね。

宗教ではないけど、似たような機能を一部果たしてるものとすれば、「マスコミ」がそうですよね。

本当は、正義を立てて邪《じゃ》を討《う》つことがマスコミの仕事なんだろうけれども、商売のためにはそれだけを言っていられなくて、〝邪悪なるものをクリエイト〟しなければいけなくなってきているところがあって。まあ、「本当はそれほどでもない方とか凡庸《ぼんよう》な人でも、ものすごく悪の権化《ごんげ》みたいにしては撃ち落とす」という仕事までして、自分たちが食べていくことをやってますよね。だけど、彼らは攻撃的ですよね。極《きわ》めて攻撃的ですよね。

その手法をまねるとすれば、宗教でも、「折伏《しゃくぶく》型の宗教」というのがそれに当たりますよね。間違《まちが》っていると思うものに対しては折伏をかける。「間違っている」と言う。あるいは、悪口雑言《あっこうぞうごん》、批判、まあ、そういうものをかけるということになって、「マスコミ型の宗教」になりますよねえ、勢いね。まあ、そういう違いですね。

「自分が悪い」ということが分からない相手には怒《おこ》ればいい

質問者D　大きな呪い以外にも、個人的に来る呪いであったり、「願望を実現してもらいたい」という思いなど……。

役小角　（机を叩《たた》く）怒鳴《どな》ればいいんですよ、怒鳴れば。黙《だま》って受けているからいけないんで。

「なぜ、そういうことをするんだ！　おまえがここの仕事ができないから怒《おこ》られたんだろうが！　それで下げられたんだろうが！　給料を削《けず》られたんだろうが！　なぜ、それが分からないんだ！」って、上司が怒鳴ればいいんですよ。

質問者D　（笑）それが「お祓い」と考えてよろしいんでしょうか。

役小角　「お祓い」なんか要《い》らないんですよ。怒ればいいんですよ。

質問者D　（笑）

役小角　怒らないから、それは、いくらでも来るんですよ、増長して。分からないんですよ、「自分が悪い」とか、「できない」とか。分からないんですよ。「不当にいじめられた」ぐらいに思っているので。「いじめを受けた」と思っている。

質問者D　では、（相手に対して言い返すべき）ポイントを、もっと鋭《するど》く指摘《してき》しなければいけないのでしょうか。

役小角　怒ればいいんですよ。ＳＮＳでいじめられたから自殺するなんて、こんなのは駄目《だめ》なんですよ。ＳＮＳでいじめられたら、いじめ返せばいいんですよ、相手を。それで終わりですよ。

いじめられて死ぬぐらいだったら、まあ、それまでの人ですよ。だから、発信元を突《つ》き止めたら怒鳴ればいい、叱《しか》ればいい。「もっとやってやろうか」と言えばいいんです。それで終わるんですよ、うん。

質問者Ｄ　分かりました。

役小角　みんながパッシブだから、弱いんです、とっても。

質問者Ｄ　「言い返すことも大切だ」ということでよいのでしょうか。

役小角　だから、そういう人もいるんだけど、宗教的に評価が低くなってくるんですよ。地位が上がらないため、使えないでいるんですね。

そういう能力を持っている人もいるんですけど、だんだんおとなしくされて、〝消し込《こ》み〟をかけられていくから、戦闘要員として使えなくなるんですよ。それは、宗教の特徴なんですよ。

自分らも困るから、あんまり言われると。だから、「だんだんおとなしくしていって、戦闘要員を消し込んでしまう傾向《けいこう》がある」ということですよね。

質問者Ａ　そういった方々の力を、もう少し活用するというか、復活させると……。

役小角　いるはずなんです。一定の戦闘要員はいるはずなんですが、そういう人は生意気《なまいき》だし、言うことをきかないし、勝手なことをするように見えるから、抑《おさ》え込んでしまって、おとなしくさせて、〝髭《ひげ》を抜《ぬ》いて〟しまう。〝猫《ねこ》の髭を切ってしまう〟ようになって、それで、「サンガ（僧団《そうだん》）に調和した」ということにしてしまうので。

（質問者Ｃに）ねえ？　人事局。そのために、戦う要員がいなくなっているんですよ。

悪口を言うような人は、人間ができていないように見えるから、みんな言わないで黙ーっている。黙っているから、その悪いことを言ったりしている人は、自分はそんなに悪いとは思っていない。分かっていないんですよ。「周りの人が自分を理解してくれていないんだ」と思っているわけです。

だから、「被害を受けている」と思っているのは、普通《ふつう》は被害ではなく、優《やさ》しい注意だったり、当たり前の指摘であるようなことなのに、自分に対するものすごい悪意を持った攻撃に感じるようにもなってしまう。まあ、そういう〝体質〟に傾《かたむ》いていることを理解しなければいけないと思いますね。

「どうしてもできない」と言うんだったら、人事局で〝呪いの藁《わら》人形〟を発売して（会場笑）、〝人事局御用達《ごようたし》・呪いの藁人形〟で、相手の名前をお書きになって、御本尊《ごほんぞん》の下で五寸釘《ごすんくぎ》を打って一カ月ぐらい貼《は》っておけば、それは、そうとう弱りますよ。「頼《たの》むから、外してください」と言ってきますよ。「もうしませんから。五寸釘を抜いて、藁人形を外してください。恥《は》ずかしくていられません」と、たぶん言ってくるから。

質問者C　〝試《ため》して〟みます（会場笑）。

役小角　ええ、やったらいい。何ならね。まあ、それは宗教の性格によるので。

あなたに嫉妬《しっと》するのは、「あなたの立場に取って代わりたい人」

質問者B　過日、大川隆法総裁より「『呪い返し』の戦い方」という法話《ほうわ》を頂き、その翌日、続けて質疑応答編を頂いたのですが、そのなかで、「呪い返しとしては、誰《だれ》の呪いかを特定することがとても大事である」ということで、「特定することの大切さ」を教えていただきました。

この「誰か」というのは、例えば、嫉妬《しっと》されたり、すごく悪意のある批判を受けたりしたときには、何となく感じることはあります。しかし、一生懸命《いっしょうけんめい》やっていて、無意識のうちに誰かを傷つけていたり、ギラギラした感じにさせて嫉妬心を煽《あお》ったりしているようなときには、「誰なのか」がよく分からず、反省しようにも反省しにくいときもあります。

そういう場合、どのように努力したら特定できるのでしょうか。どのようにして特定するのかについて、秘術というか、そういうものがございましたら、お教えいただけないでしょうか。

役小角　自分に誰が嫉妬しているか分からないの？　そのレベルですか。

質問者B　いや……。

役小角　そのレベルですか。

質問者Ｂ　いやいや、心のなかで「申し訳ないな」とか、いろいろと対話はしておりますけれども。

役小角　自分に嫉妬する人はね、「あなたがやっている仕事を、自分もやりたいと思っているような人」ですよ。たいていの場合は、そういう人なので。「あなたの仕事、あなたの立場に取って代わりたい人」ですよ。嫉妬するのは、そういうことです。

質問者Ｂ　そういうタイプの方ですね？

役小角　ええ。だから、人事局長に嫉妬するのは、人事局長をやってみたいなと思っている人です。ね？　編集の統括《とうかつ》に嫉妬する人は、編集の統括の仕事をやりたいと思うような人ですよ。あるいは、その人に不当にも怒られたと思っている人ですよ。まあ、どちらかです。宗務《しゅうむ》本部長に嫉妬する人は、やっぱり、そこに座《すわ》りたい人ですよね。まあ、そういうことになりますね。

あと、女性同士だったら、「どちらのほうがかわいいか」「どちらのほうがきれいか」というので張り合っていることもあって、片方を取ったら、「あれは不公平だ」と言い続ける。まあ、こんなのはあるでしょうね。

だから、それは、考えれば分からないわけはなくて。そんな、反省・瞑想《めいそう》修行をする宗教において、一日、精舎《しょうじゃ》に座れば、相手ぐらい分からないとおかしいですね。分からないのは、よっぽど〝鈍《どん》くさい人間〟ですねえ。普通は分かる。

あなただったら、長い間、三十年もいていろいろと勉強しているから、若い人で、例えば、急に抜擢《ばってき》されたような人に、「あなたは、大川隆法先生の初期の五十巻ビデオをよく聴《き》いていないのではないか。それをちゃんと勉強しなさい」とか言ったら、「こいつは意地《いじ》の悪いやつだな。自分は何十年もいるから勉強が終わっていると思っている。五十巻ビデオを買ったら、それを聴くのにどれだけ時間がかかると思うんだ。どれだけ金が要ると思っているんだ。こいつは意地悪なやつだ。死んでしまえ」とか思うわけですよ、普通は。

だから、分かる。すぐ分かるよ、そんなの。

質問者B　それが分かったとき、対人関係的に、いちおう、会ってどうこうという前に……。

役小角　だから、「編集のトップに立つには、君は二十年早い」と、まあ、そういう話になるわけですよ、結局。ね？　そういうふうになるわけで。

質問者Ｂ　はい。

役小角　力がないのに、たまたま何かで評価されて上がったような人の場合は、自分の足りない部分のところを攻《せ》めてくる感じの人に対しては、〝撃ち落とし〟に必ず入ってきますからね。まあ、それは分かるでしょう。

でも、この世的にも「決着」はどうせつくんですよ、そういうものは。土俵《どひょう》の上の相撲《すもう》と一緒《いっしょ》で。相撲がいくら長くたって、大相撲で十分以上、取れませんよ。まあ、三分以内には……。大相撲で三分。普通は三十秒以内で勝負はつくので。実際、この世的にも勝負はつくので。

まあ、上にまだ人がいた場合はね、上の人が、どちらが教団にとってより重要かで判断しますので。重要なものを取りますから。で、もし、やったことがあとでマイナスになったら、逆転人事が必ず起きるでしょうね。

「自己顕示欲《けんじよく》」や「私欲」が入ってくると、必ず隙《すき》が生じる

質問者Ｂ　「呪力《じゅりょく》の世界」と言ったら変ですが、「呪術の思いの世界」というのは、「実力の勝負」というか、「強さの勝負」というのがあるのでしょうか。

役小角　まあ、総合的にはね。

質問者Ｂ　もっともっと強くなりたいと思うときには、どのような思いを持てばよいでしょうか。先ほど、「発心《ほっしん》」のところで、まず正しさというか、「何を目標にして修行するのか」が大事だと教えていただきました。

次に、それが正当だったとして、もっともっとお役に立ちたいと。例えば、「主のためにお役に立ちたい」という気持ちで、もっともっと影響力や強さを身につけ、どんな仏敵《ぶってき》が来ても激突《げきとつ》していって、身を挺《てい》してでもやると。そういう思いを出し

たいときは、どのような思いを出せばよいでしょうか。

役小角　それはもう、いちばん最初には、「私欲の反省」なんですよ。自分の「仕事をしたい」と思っていることにね、「私欲が入っているか入っていないか」を常に点検する姿勢なんですよ。

あなたが、「主のためにお役に立ちたくて、私はいろいろな出版物を出しているんです。編集で出しているんです」と思っていても、そのなかに自己顕示欲《けんじよく》とか自分の私欲が入っているかどうかは、みんなが見ているんですよ。

総合的にみんなが見て感じるものというのは、そんなに嘘《うそ》はないことが多いので、やっぱり、私欲の部分をできるだけ摘《つ》んで、「公的な欲」というか、「仕事として公的に発展しなければいけないものなんだ」という気持ち。

「自分であろうがなかろうが、これはこういうふうにしたほうが、絶対、教団にとってはいい」と思うからこうするのであって、「〝自分〟だから、こうしてみたいのだ」という感じでやるなら、そこは少し〝歪《ゆが》み〟があるからね。攻められるポイントにはなるよね。

自分ではない人だったら、どうするか。例えばですよ、あなたのポジションに、こちらの人（別の質問者を指して）が座っていても、「やはり、教団としては、こちらのほうがいいと思うだろうな」というような考え方ができるかどうか、だわね。「自分の自己実現のためにやっている」と思うところには、隙《すき》が必ずできるから、攻撃ポイントにはなるわね。自己実現のためにやっていても、結果的には、ほかの人にもプラスになる部分があれば、（そのポジションに）いることはできるけれども、ただ、〝攻撃の弾《たま》〟は当たりますね。弾が一定以上当たり続けたら、撃ち落とされることは必ず起きるわね。

組織においては「憎《にく》まれ役の人」も必要

役小角　それから、重要なポストにいる人ほど、敵は確実に多くなるんですよ。例えば、宗務本部長というようなところに行ったら、これは嫌《きら》われる仕事なんですよ。みんな直接、総裁のところにつながりたいわけで。みんなが直接「どうしましょうか」と。人事局長なら、「あの人は左遷《させん》したほうがいいですか、昇格《しょうかく》したほうがいいですか」と訊《き》きたい。

宗務本部長は会える。しかし、訊いてくれない。「そんなことは、自分で考えなさい」と言って断る。「それは、総裁が考えるようなことではありませんから、よく周りの意見も聞いて、自分で考えなさい」と言って断るので、憎《にく》まれる。ね？　何回かやるとね、憎まれる。「あいつなんか、死ねばいいのに」と思われる。それが、宗務本部長なんですよ。

だから、総裁補佐《ほさ》なんて、こんなの、いちばん憎まれるところなので。

皇室だって、皇宮《こうぐう》警察がなかったら、みんな、なかまで入ってきますよ。皇室のなかに入って天皇陛下《へいか》に会いに来ますから、みんな。皇后陛下に直接会いに来ます。でも、やっぱり、そういうわけにはいかないでしょう。

事務の侍従《じじゅう》も、侍従長もいて、さらにその周りに警察がいて、外から見たりはできたり、一定のときに開放したりするときはあるけど、「それはここまでです」と言って。「ここから、なぜ入ってはいけないんですか。税金を払《はら》っているのに」とか言っても、それは、やっぱり入《い》れられない。

だから、そういう権限を持っている人は嫌われる。「上に行くほど嫌われる。嫌われたくなかったら、できるだけ下に行け」ということで、ヒラになれば、嫌われることは少なくなるということですねえ。

上に行けば上に行くほど、多くの人に嫌われるようになって、憎しみが集結する。それは、官庁であれ会社であれ、一緒ですよ。

例えば、会社であれば、社長の秘書室長とかをやっているような人だったら、嫌われて嫌われて嫌われて。

ただ、やっぱり、「切れ者だ」という部分でしょうね。だけど、そのときに、何て言うか、「沈《しず》むときは、もう一緒」と思うぐらいでないと。まあ、そういう人がいなくなったときが、会社が危なくなるときでもありますわね。

自分が、実は〝裏情報〟をいろいろいじっていて、操作してやっていて、また、社内政治が変わったときには変身して生き残るようなタイプの人だったら手強《てごわ》いけど、まあ、ずるいところは、いつかは露見《ろけん》するでしょうけど。そういう人がいなくなったら、トップは危なくなってくるわね。

たいていの場合は、「社内からいろいろなものが、不祥事《ふしょうじ》とか失敗とかが周りに流れていって露見して、それで週刊誌なんかに書かれて、それを言う人がいっぱい出てきて、だんだん大きくされて、撃ち落とされていく」というのが、基本のスタイルですよね。

だから、内部体制がキチッとしているということが、とても大事なんです。個人的な呪いが増幅《ぞうふく》してきて、だんだん、もっと大きなものにされていくわけですよね。このへんのときに、やっぱり、キチッと「憎まれ役の人」がいなければいけないわけで、きついことも言わなければいけないということですねえ。

あるいは、会社みたいなところだったら、いろんな人が、有名人とか文化人とかが、寄付のお願いみたいなのにいっぱい来る。

有名な人が来た場合は、社長はいちおうは会ってくれるけど、世間話《せけんばなし》に毛が生《は》えたぐらいのところまでしか言わない。「ああ、そういうことは、経理部長にお願いしていますから」というようなことで、「まあ、私はいいと思いますけどね」と社長は必ず言う。

で、経理部長のところにニコニコして行って、「社長はいいように言ったので、一億円ほど寄付をお願いします」と言ったら、経理部長は、「そんなものは出せません。うちの会社にとっては関係がないことですので」と断る。で、憎むわね。「社長はいいと言ったのに、あの経理部長は鬼《おに》みたいなやつだ」と向こうは憎む。でも、これが仕事なんですよ。経理が甘《あま》くて、「いいですよ。幾《いく》らでも撒《ま》きますよ」って、これは、やっぱり駄目ですよね。

個人が狙《ねら》われないよう、「組織としての判断」という言い方もある

役小角　そういう場合に、個人が憎まれないようにするために、「組織の決定です」とかいうふうな言い方を会社ではするわけですね。「組織の決定なんです」とか、「役員会で、これは決定されたことなので」とか、「個人ではない」ということで、個人に当たらないようにする。

マスコミの場合は、そういうような「組織の決定です」とは言いにくいから、「名前を隠《かく》して、誰が書いたかが分からないようにする」ということで、「朝日新聞とか、文藝春秋《ぶんげいしゅんじゅう》とかの記事」ということで、「誰が書いたかは分からないということで護《まも》る」というやり方をやってはいますけどね。

まあ、このへんは難しいところです。

だから、強い人がいて、悪人だって撃ち落とさなければいけないんだけど、あんまり目立ちすぎると、今度はそこをターゲットにして狙《ねら》ってくるから、もうちょっ

と、「組織としての判断」というかたちに持っていけるようにしていったほうがいいし、なるべく理念とか、あるいはそうした手順を決めて……。

例えば、皇室なら、〝一カ月ルール〟というのがあって、「一カ月以上前に、『天皇陛下にお目通りしたい』という申請《しんせい》を出さなければ、急には会えません」というふうになっていますよね。一カ月ルールがありますね。まあ、そういうふうにして断れる。「緊急《きんきゅう》にいきなり来て、今日会う」とかいうのは、断れるよね。

だから、外国の大統領がプライベートジェットで飛んできたとしたって、「今日来て、今日天皇に会う」なんてことは、そんな……。

天皇はなかにいて、忙《いそが》しくないかもしれない、本当はね。お魚の図鑑《ずかん》を読んだりしているだけで、「アメリカの大統領が来たというのなら、会わなければいけない」というのは、普通のルールではそうかもしれないけれども、「いや、一カ月ルールがあるので、今日来たって、今日会えませんよ」と。

そうしないと、ビジネスマンみたいになってしまいますからね。皇室の落ち着きのある風情《ふぜい》は護れないということになる。

まあ、そういうふうに、「ルールとか組織の全体の意見で、こうなった」とか、あるいは、それで済まない場合だったら、やっぱり「上が判断した」という言い方になる。

今で言えば、「法務省の判断」だとか、「法務大臣の判断」とか、「検事総長の判断」とか、いろんなことを言っているように、あんなふうな感じで、「組織の判断」という言い方をするわけですね。

これは、どこでも必要なことであって、まあ、宗教的な呪いの問題にも見えるが、逆に言えば、「まだ組織としての甘さがあるから、そういうことが起きている」ということですね。

だから、人事異動のときなんかでも、降格になるときには理由をキチッと述べて、「これが理由で、あなたは移りました」と言って、本人を納得《なっとく》させることです。それをしないで、「いやいや、通常のルーティンですので。まあ、いろいろ経験してください」みたいな感じで、責任を取らないようにごまかして言っていると、「自分はすごく誰かに陥《おとし》いれられたんじゃないか」とかいうふうな気持ちがいっぱい出てくるようになるわけですね。

質問者A　分かりました。今日は「呪術」のみならず、「人の生きる道」、そして、「組織の運営」まで、さまざまにお教えいただきました。

役小角　で、私が言うとおりにやったら、〝裏側に行ける〟ようになるわけです。

質問者A　（笑）

役小角　まあ、裏側に行けて出世する場合というのは、〝裏ボスになる〟ということなので。「組織を裏から牛耳《ぎゅうじ》れる人間になれる」ということで。まさしく宗務本部みたいなところには、非常に必要な指導力だと思うよ。

質問者Ａ　はい、分かりました。今日は、さまざまにお教えいただきまして、ありがとうございました。

7　役小角は霊界《れいかい》の裏側世界の〝裏ボス〟的な存在

大川隆法　はい（手を一回叩《たた》く）。ありがとうございました。どうでしたか。

質問者A　いや、あの……。

大川隆法　まあ、意外に物知りですよ。

質問者B　幅《はば》が広いです。

質問者Ａ　以外に大きな話が……。

大川隆法　けっこうオールマイティーですよ。これは、そうとうオールマイティーですね。

質問者Ａ　現代の世界についても、よく通じておられて。

大川隆法　オールマイティーですね。裏側の〝裏ボス〟なのでしょう。たぶん〝裏ボス〟ですね、これは。

「表の顔」といったら、いい顔をする人と、出てこない人とがいるのでしょう。天狗《てんぐ》も狐《きつね》もみんな操《あやつ》りながら、別のことをいろいろとトータルでやっているのではないでしょうか。

たぶん、一筋縄《ひとすじなわ》でいくような相手ではなかろうと思います。さらに、まだ下に、

「変幻《へんげん》自在の部下」がたくさんいると思うんですよ。

まあ、何かの勉強にはなるでしょう。ありがとうございました。

質問者一同　ありがとうございました。

あとがき

本書では、英国史上、最大の魔術師と思われる「マーリン」の霊言と、これまた日本史上、最大級の呪術師《じゅじゅつし》と目される「役小角《えんのおづぬ》」の霊言を収めた、とても珍《めずら》しい書物である。

宗教で主流と考えられているのは、教義と組織をしっかりと持っており、一定の文明、文化の創造に貢献したものである。しかし、そうした主流の宗教も、何らかの神秘性や霊力、実在界の存在を抜きにしては存立できないのが普通である。この意味で、本書は、宗教発生の原点、源流を明らかにしている。

現在では、宗教学者や仏教学者などの多くが、神秘現象を価値中立（エポケー状態）で見ることを学問的だと誤信している。その邪見《じゃけん》を正す一助となれば幸いである。

二〇二〇年　八月二十一日

幸福《こうふく》の科学《かがく》グループ創始者兼総裁《そうししゃけんそうさい》　大川隆法《おおかわりゅうほう》

『魔法と呪術の可能性とは何か』関連書籍

『「呪い返し」の戦い方』（大川隆法 著　幸福の科学出版刊）

『漏尽通力』（同右）

『魔法および魔法界について』（同右）

『霊的世界のほんとうの話。』（同右）

『守護霊インタビュー ナタリー・ポートマン&キーラ・ナイトレイ』（同右）

『大中華帝国崩壊への序曲――中国の女神 洞庭湖娘娘、泰山娘娘／アフリカのズールー神の霊言――』（同右）

『ヘルメス神と空海と魔法』（同右）

『日本を救う陰陽師パワー――公開霊言 安倍晴明・賀茂光栄――』（同右）

『源頼光の霊言』（同右）

『大川咲也加の文学のすすめ～世界文学編～（上）』（大川咲也加 著　同右）

魔法《まほう》と呪術《じゅじゅつ》の可《か》能性《のうせい》とは何《なに》か
――魔術師マーリン、ヤイドロン、役小角の霊言――

2020年9月3日　初版第1刷

著　者　　大《おお》川《かわ》隆《りゅう》法《ほう》

発行所　　幸福の科学出版株式会社
〒107-0052 東京都港区赤坂2丁目10番8号
TEL(03)5573-7700
https://www.irhpress.co.jp/

印刷・製本　株式会社 研文社

落丁・乱丁本はおとりかえいたします

ISBN978-4-8233-0129-2 C0014
カバー andreiuc88/Shutterstock.com
帯 たけもん /PIXTA, 提供：Bridgeman Images/ アフロ
装丁・イラスト・写真（上記・パブリックドメインを除く）© 幸福の科学

大川隆法ベストセラーズ・霊的パワーの秘密に迫る

神秘の法

次元の壁を超えて

この世とあの世を貫く秘密を解き明かし、あなたに限界突破の力を与える書。この真実を知ったとき、底知れぬパワーが湧いてくる！

1,800円

観自在力

大宇宙の時空間を超えて

釈尊を超える人類史上最高の「悟り」と「霊能力」を解き明かした比類なき書を新装復刻。宗教と科学の壁を超越し、宇宙時代を拓く鍵が、ここにある。

1,700円

漏尽通力

現代的霊能力の極致

高度な霊能力の諸相について語った貴重な書を、秘蔵の講義を新規収録した上で新装復刻！ 神秘性と合理性を融合した「人間完成への道」が示される。

1,700円

真実の霊能者

マスターの条件を考える

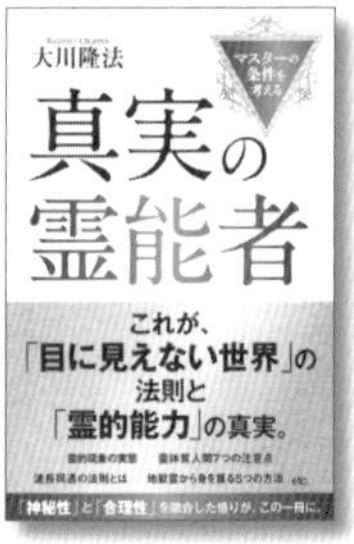

霊能力や宗教現象の「真贋《しんがん》」を見分ける基準はある――。唯物論や不可知論ではなく、「目に見えない世界の法則」を知ることで、真実の人生が始まる。

1,600円

※表示価格は本体価格（税別）です。

大川隆法ベストセラーズ・霊的世界の真実

永遠の法

エル・カンターレの世界観

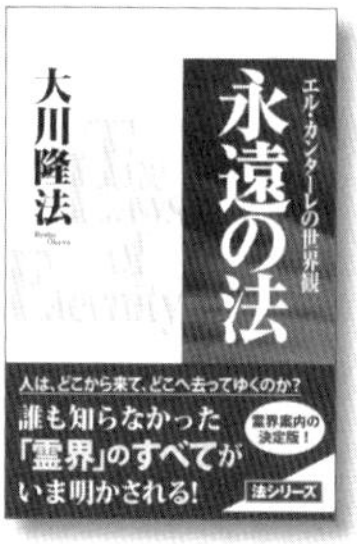

すべての人が死後に旅立つ、あの世の世界。天国と地獄をはじめ、その様子を明確に解き明かした、霊界ガイドブックの決定版。

2,000円

あなたの知らない地獄の話。

天国に還るために今からできること

無頼漢、土中、擂鉢《すりばち》、畜生、焦熱、阿修羅、色情、餓鬼、悪魔界──、現代社会に合わせて変化している地獄の最新事情とその脱出法を解説した必読の一書。

1,500円

新しい霊界入門

人は死んだらどんな体験をする？

あの世の生活って、どんなもの？ すべての人に知ってほしい、最先端の霊界情報が満載の一書。渡部昇一氏の恩師・佐藤順太氏の霊言を同時収録。

1,500円

霊界・霊言の証明について考える

大川咲也加 著

霊や霊界は本当に存在する──。大川隆法総裁の霊的生活を間近で見てきた著者が、「目に見えない世界」への疑問に、豊富な事例をもとに丁寧に答える。

1,400円

幸福の科学出版

ドキュメンタリー映画
奇跡との出会い。
—心に寄り添う。3—
それは、
あなたの人生にも起こる。
末期ガン、白血病、
心筋梗塞、不慮の事故——
医者も驚く奇跡現象を体験した人びと。
その真実を描いた感動のドキュメンタリー。
インパクトドキュメンタリー映画賞（サンディエゴ）2020下半期 長編ドキュメンタリー部門 特別功労賞
国際インディペンデント映画賞（ロサンゼルス）2020春期 長編ドキュメンタリー部門 ゴールド賞
国際インディペンデント映画賞（ロサンゼルス）2020春期 コンセプト部門 ゴールド賞
企画／大川隆法
出演／希島 凛 市原綾真 監督／奥津貴之 音楽／水澤有一
製作／ARI Production 製作協力／ニュースター・プロダクション 配給／日活 配給協力／東京テアトル ©2020 ARI Production
8月28日(金)公開
HELLO! MOVIE方式による 音声ガイド・日本語字幕対応
G
20086-A

すべてを捨て、ただ一人往く。
夜明けを信じて。
製作総指揮・原作 大川隆法
10.16
Roadshow
田中宏明 千眼美子 長谷川奈央 並樹史朗 窪塚俊介 芳本美代子 芦川よしみ 石橋保
監督／赤羽博 音楽／水澤有一 脚本／大川咲也加 製作／幸福の科学出版 製作協力／ARI Production ニュースター・プロダクション
制作プロダクション／ジャンゴフィルム 配給／日活 配給協力／東京テアトル ©2020 IRH Press
https://yoake-shinjite.jp/

幸福の科学グループのご案内

宗教、教育、政治、出版などの活動を通じて、地球的ユートピアの実現を目指しています。

幸福の科学

一九八六年に立宗。信仰の対象は、地球系霊団の最高大霊、主エル・カンターレ。世界百十カ国以上の国々に信者を持ち、全人類救済という尊い使命のもと、信者は、「愛」と「悟り」と「ユートピア建設」の教えの実践、伝道に励んでいます。

（二〇二〇年八月現在）

愛

幸福の科学の「愛」とは、与える愛です。これは、仏教の慈悲《じひ》や布施《ふせ》の精神と同じことです。信者は、仏法真理をお伝えすることを通して、多くの方に幸福な人生を送っていただくための活動に励んでいます。

悟り

「悟り」とは、自らが仏の子であることを知るということです。教学《きょうがく》や精神統一によって心を磨き、智慧《ちえ》を得て悩みを解決すると共に、天使・菩薩《ぼさつ》の境地を目指し、より多くの人を救える力を身につけていきます。

ユートピア建設

私たち人間は、地上に理想世界を建設するという尊い使命を持って生まれてきています。社会の悪を押しとどめ、善を推し進めるために、信者はさまざまな活動に積極的に参加しています。

国内外の世界で貧困や災害、心の病で苦しんでいる人々に対しては、現地メンバーや支援団体と連携して、物心両面にわたり、あらゆる手段で手を差し伸べています。

年間約２万人の自殺者を減らすため、全国各地で街頭キャンペーンを展開しています。

公式サイト **www.withyou-hs.net**

自殺防止相談窓口

受付時間　火〜土:10〜18時（祝日を含む）

TEL **03-5573-7707** メール **withyou-hs@happy-science.org**

ヘレン・ケラーを理想として活動する、ハンディキャップを持つ方とボランティアの会です。視聴覚障害者、肢体不自由な方々に仏法真理を学んでいただくための、さまざまなサポートをしています。

公式サイト **www.helen-hs.net**

入会のご案内

幸福の科学では、大川隆法総裁が説く仏法真理《ぶっぽうしんり》をもとに、「どうすれば幸福になれるのか、また、他の人を幸福にできるのか」を学び、実践しています。

入会

仏法真理を学んでみたい方へ

大川隆法総裁の教えを信じ、学ぼうとする方なら、どなたでも入会できます。入会された方には、『入会版「正心法語《しょうしんほうご》」』が授与されます。

ネット入会 入会ご希望の方はネットからも入会できます。

happy-science.jp/joinus

三帰《さんき》誓願《せいがん》

信仰をさらに深めたい方へ

仏弟子としてさらに信仰を深めたい方は、仏《ぶっ》・法《ぽう》・僧《そう》の三宝《さんぽう》への帰依を誓う「三帰誓願式」を受けることができます。三帰誓願者には、『仏説・正心法語』『祈願文《きがんもん》①』『祈願文②』『エル・カンターレへの祈り』が授与されます。

幸福の科学 サービスセンター
TEL 03-5793-1727
受付時間／火〜金:10〜20時 土・日祝:10〜18時（月曜を除く）

幸福の科学 公式サイト
happy-science.jp

ハッピー・サイエンス・ユニバーシティ

Happy Science University

ハッピー・サイエンス・ユニバーシティとは

ハッピー・サイエンス・ユニバーシティ(HSU)は、大川隆法総裁が設立された「現代の松下村塾」であり、「日本発の本格私学」です。
建学の精神として「幸福の探究と新文明の創造」を掲げ、
チャレンジ精神にあふれ、新時代を切り拓く人材の輩出を目指します。

人間幸福学部　経営成功学部　未来産業学部

HSU長生キャンパス TEL **0475-32-7770**

〒299-4325 千葉県長生郡長生村一松丙 4427-1

未来創造学部

HSU未来創造・東京キャンパス

TEL **03-3699-7707**

〒136-0076 東京都江東区南砂2-6-5 公式サイト **happy-science.university**

学校法人 幸福の科学学園

学校法人 幸福の科学学園は、幸福の科学の教育理念のもとにつくられた教育機関です。人間にとって最も大切な宗教教育の導入を通じて精神性を高めながら、ユートピア建設に貢献する人材輩出を目指しています。

幸福の科学学園

中学校・高等学校(那須本校)

2010年4月開校・栃木県那須郡(男女共学・全寮制)

TEL **0287-75-7777** 公式サイト **happy-science.ac.jp**

関西中学校・高等学校(関西校)

2013年4月開校・滋賀県大津市(男女共学・寮及び通学)

TEL **077-573-7774** 公式サイト **kansai.happy-science.ac.jp**

仏法真理塾「サクセスNo.1」

全国に本校・拠点・支部校を展開する、幸福の科学による信仰教育の機関です。小学生・中学生・高校生を対象に、信仰教育・徳育にウエイトを置きつつ、将来、社会人として活躍するための学力養成にも力を注いでいます。

TEL 03-5750-0751（東京本校）

エンゼルプランV

東京本校を中心に、全国に支部教室を展開しています。信仰に基づいて、幼児の心を豊かに育む情操教育を行っています。また、知育や創造活動を通して、子どもの個性を大切に伸ばし、天使に育てる幼児教室です。

TEL 03-5750-0757（東京本校）

不登校児支援スクール「ネバー・マインド」　TEL 03-5750-1741

心の面からのアプローチを重視して、不登校の子供たちを支援しています。

ユー・アー・エンゼル!（あなたは天使!）運動

障害児の不安や悩みに取り組み、ご両親を励まし、勇気づける、障害児支援のボランティア運動を展開しています。

一般社団法人 ユー・アー・エンゼル
TEL 03-6426-7797

NPO活動支援

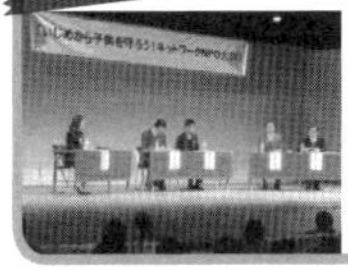

いじめから子供を守ろうネットワーク

学校からのいじめ追放を目指し、さまざまな社会提言をしています。また、各地でのシンポジウムや学校への啓発ポスター掲示等に取り組む一般財団法人「いじめから子供を守ろうネットワーク」を支援しています。

公式サイト mamoro.org　ブログ blog.mamoro.org
相談窓口 TEL.03-5544-8989

百歳まで生きる会

「百歳まで生きる会」は、生涯現役人生を掲げ、友達づくり、生きがいづくりをめざしている幸福の科学のシニア信者の集まりです。

シニア・プラン21

生涯反省で人生を再生・新生し、希望に満ちた生涯現役人生を生きる仏法真理道場です。定期的に開催される研修には、年齢を問わず、多くの方が参加しています。
全世界212カ所（国内197カ所、海外15カ所）で開校中。

【東京校】 TEL 03-6384-0778　FAX 03-6384-0779
メール senior-plan@kofuku-no-kagaku.or.jp

幸福実現党

内憂外患《ないゆうがいかん》の国難に立ち向かうべく、2009年5月に幸福実現党を立党しました。創立者である大川隆法党総裁の精神的指導のもと、宗教だけでは解決できない問題に取り組み、幸福を具体化するための力になっています。

幸福実現党 釈量子サイト **shaku-ryoko.net**
Twitter **釈量子@shakuryoko**で検索

党の機関紙
「幸福実現党NEWS」

幸福実現党 党員募集中

あなたも幸福を実現する政治に参画しませんか。

○幸福実現党の理念と綱領、政策に賛同する18歳以上の方なら、どなたでも参加いただけます。
○党費:正党員(年額5千円[学生 年額2千円])、特別党員(年額10万円以上)、家族党員(年額2千円)
○党員資格は党費を入金された日から1年間です。
○正党員、特別党員の皆様には機関紙「幸福実現党NEWS(党員版)」(不定期発行)が送付されます。

＊申込書は、下記、幸福実現党公式サイトでダウンロードできます。
住所:〒107-0052 東京都港区赤坂2-10-8 6階 幸福実現党本部
TEL **03-6441-0754** FAX **03-6441-0764**
公式サイト **hr-party.jp**

出版 メディア 芸能文化 幸福の科学グループ

幸福の科学出版

大川隆法総裁の仏法真理の書を中心に、ビジネス、自己啓発、小説など、さまざまなジャンルの書籍・雑誌を出版しています。他にも、映画事業、文学・学術発展のための振興事業、テレビ・ラジオ番組の提供など、幸福の科学文化を広げる事業を行っています。

アー・ユー・ハッピー？
are-you-happy.com

ザ・リバティ
the-liberty.com

幸福の科学出版
TEL **03-5573-7700**
公式サイト **irhpress.co.jp**

THE FACT **ザ・ファクト**
マスコミが報道しない
「事実」を世界に伝える
ネット・オピニオン番組

ザ・ファクト 検索

NEW STAR PRODUCTION

ニュースター・プロダクション

「新時代の美」を創造する芸能プロダクションです。多くの方々に良き感化を与えられるような魅力あふれるタレントを世に送り出すべく、日々、活動しています。 公式サイト **newstarpro.co.jp**

ARI Production

ARI《アリ》 Production《プロダクション》

タレント一人ひとりの個性や魅力を引き出し、「新時代を創造するエンターテインメント」をコンセプトに、世の中に精神的価値のある作品を提供していく芸能プロダクションです。 公式サイト **aripro.co.jp**